Des pratiques
pour l'école d'aujourd'hui

outils pour enseigner

ARCHAMBAULT J. et CHOUINARD R., ***Vers une gestion éducative de la classe.***

BOGAERT C. et DELMARLE S., ***Une autre gestion du temps scolaire.***
Pour un développement des compétences à l'école maternelle.

COUPREMANNE M. (Sous la direction de), ***Les dynamiques des apprentissages.***
La continuité au cœur de nos pratiques. De 2 ans 1/2 à 14 ans

DEGALLAIX E. et MEURICE B., ***Construire des apprentissages au quotidien.***
Du développement des compétences au projet d'établissement.

DE GRAEVE S., ***Apprendre par les jeux.*** Traduit du néerlandais par V. BRUYNDONCKX
et adapté par D. DRUART, Cl. DESBUQUOIT et A. WAUTERS.

DE LIÈVRE B. et STAES L., ***La psychomotricité au service de l'enfant.***

DRUART D., JANSSENS A. et WAELPUT M., ***Cultiver le goût et l'odorat.***
Prévenir l'obésité enfantine dès 2 ans 1/2.

DRUART D. et WAELPUT M., ***Coopérer pour prévenir la violence.***
Jeux et activités d'apprentissage pour les enfants de 2 1/2 à 12 ans.

GIASSON J., ***La lecture.*** De la théorie à la pratique. Adapté par T. ESCOYEZ.

GIASSON J., ***Les textes littéraires à l'école.*** Adapté par T. ESCOYEZ.

GIBUS, ***Chant'Idées.*** Écouter, comprendre, exploiter des chansons et des poèmes pour élargir ses compétences.

HARLEN W. et JELLY S., ***Vivre des expériences en sciences avec des élèves du primaire.***

HEUGHEBAERT S. et MARICQ M., ***Construire la non-violence.***
Les besoins fondamentaux de l'enfant de 2 ans 1/2 à 12 ans.

HINDRYCKX G., LENOIR A.-S. et NYSSEN M. Cl., ***La production écrite en question.***
Pistes de réflexion et d'action pour le cycle 5-8 ans.

HOHMANN M., WEIKART D. P., BOURGON L. et PROULX M., ***Partager le plaisir d'apprendre.***
Guide d'intervention éducative au préscolaire.

JAMAER Ch. et STORDEUR J., ***Oser l'apprentissage... à l'école !***

LACOMBE J., ***Le développement de l'enfant de 0 à 7 ans.*** Approche théorique et activités corporelles.

LELEUX C., ***Éducation à la citoyenneté - Tome 1.*** Les valeurs et les normes de 5 à 14 ans.

LELEUX C., ***Éducation à la citoyenneté - Tome 2.*** Les droits et les devoirs de 5 à 14 ans.

LELEUX C., ***Éducation à la citoyenneté - Tome 3.*** La coopération et la participation de 5 à 14 ans.

LEMOINE A. et SARTIAUX P., ***Des mathématiques aux enfants.*** Savoirs en jeu(x).

PIERRET P. et PIERRET-HANNECART M., ***Des pratiques pour l'école d'aujourd'hui.***

REY B., CARETTE V., DEFRANCE A. et KAHN S., ***Les compétences à l'école.*** Apprentissage et évaluation.

STORDEUR J., ***Enseigner et/ou apprendre.*** Pour choisir nos pratiques.

TERWAGNE S., VANHULLE S. et LAFONTAINE A., ***Les cercles de lecture.***
Interagir pour développer ensemble des compétences de lecteurs.

TERWAGNE S., VANESSE M., ***Le récit à la maternelle.*** Lire, jouer, raconter des histoires.

WAELPUT M., ***Aimer lire dès la maternelle.*** Des situations de vie pour le développement
des compétences en lecture de 2 ans 1/2 à 8 ans.

WAUTERS-KRINGS F., ***Psychomotricité à l'école maternelle.***
Les situations motrices au service du développement de l'enfant.

outils pour enseigner

Maggy PIERRET-HANNECART
Patrick PIERRET
Préface de Victor NIZET

Des pratiques pour l'école d'aujourd'hui

de boeck

Maggy PIERRET-HANNECART, licenciée en psychologie et en sciences de l'éducation, formatrice d'enseignants.

Patrick PIERRET, licencié en psychologie et en sciences de l'éducation,

Formateur d'enseignants, inspecteur de l'enseignement fondamental.

Illustrations : Walli
Conception graphique de la couverture et des pages liminaires : metadesign.be

Pour toute information sur notre fonds, consultez notre site web: www.deboeck.com

2e édition
3e tirage 2009

Imprimé en Belgique

ISSN 1373-0169
D 2006/0074/88

ISBN 978-2-8041-5005-1

PRÉFACE
CONCILIER L'IDÉAL ET LE POSSIBLE

De là où parlent les auteurs, deux psychopédagogues, l'éclairage se porte sur *le possible* dans la formation des enseignants qu'il s'agisse d'étudiants en voie de certification ou de praticiens qui, toujours taraudés par l'optimalisation de leur action didactique, se sont fait une règle déontologique de questionner sans relâche la pertinence et l'efficience de leurs interventions d'aide à l'apprentissage.

De là où parle le préfacier, un inspecteur, l'éclairage est mis sur *l'idéal*, sur les directives promulguées par les textes réglementaires à impact pédagogique édictés par la Communauté française de Belgique : décret du 14.03.95 relatif à la promotion d'une école de la réussite, décret du 24.07.97 définissant les missions prioritaires de l'enseignement, décret du 13.07.98 portant sur l'organisation de l'enseignement fondamental (entre autres) ainsi que les consignes de mise en œuvre de ces injonctions globales diffusées sous forme de circulaires.

Un premier pont a été jeté entre cet *idéal* et ce *possible* par le Conseil de l'Enseignement et de la Fomation[1]. Celui-ci voit dans ces trois décrets un cadre de régulation du fonctionnement du système éducatif selon une double logique : une logique de standardisation (ou *comment tirer parti des contraintes unificatrices édictées*) et une logique de professionnalisation (ou *comment tirer parti des espaces de liberté ménagés par ces textes*).

Un tableau synthétisant le contenu des pages 9 à 13 de cet *Avis* suffira, dans le cadre de cette présentation, à clarifier cette double perspective (voir page suivante).

Le présent ouvrage constitue, sans aucun doute, un second pont entre cet *idéal* et ce *possible*. Bien qu'il ne se réfère explicitement ni à la littérature administrative ni aux écrits du CEF, il propose dix pratiques didactiques qui servent, au moins, la mise en œuvre d'une pédagogie active fondée sur le sens, de la continuité de l'action didactique, de la construction de compétences, de la différenciation des chemins d'apprentissage et de l'évaluation formative.

Les auteurs ont sélectionné parmi leurs ressources (qu'on perçoit très riches) les seuls éléments susceptibles de définir chacune de ces pratiques afin qu'elle prenne statut d'outil aux yeux du lecteur. À celui qui estimerait maîtriser la pédagogie du projet ou l'apprentissage par problèmes, Madame et Monsieur Pierret fournissent l'occasion de revisiter ces « déjà (croire) savoir », un peu comme si la lecture a posteriori d'un mode d'emploi faisait découvrir des possibilités insoupçonnées d'un appareil utilisé empiriquement jusque là.

1. Communauté française de Belgique – Conseil de l'Enseignement et de la Formation, avis n° 66 du 30.04.99 intitulé *La concertation entre enseignants dans le cadre de l'école et de la réussite. Recommandations.*

Logique de standardisation (*pour unifier le système éducatif*)	Logique de professionnalisation (*pour adapter le système éducatif à chaque école*)
Les décrets imposent des **éléments** de standardisation… … des normes (*encadrement, subventions, …*) … des résultats (*socles de compétences*) … des structures (*continuum, cycles, étapes*) … des qualifications des enseignants (*titres requis ou jugés suffisants*)	Les décrets dotent les enseignants **d'espaces d'autonomie** par rapport… … aux normes (*projets éducatif, pédagogique, d'établissement*) … aux résultats (*évaluation formative et différenciation*) … aux structures (*différentes manières de faire cycle, d'assurer la continuité*) … aux qualifications des enseignants (*des enseignants professionnels donc responsables*)
Les décrets imposent des **mécanismes** de standardisation ◊ ***vérification des programmes*** par la commission ad hoc ◊ ***production d'outils indicatifs*** par les commissions d'évaluation ◊ ***évaluation de l'action à mener (projet) et menée (rapport d'activité)*** par le Conseil de participation	Les décrets imposent des **mécanismes de décision** ◊ choix des actions à mener par la ***concertation*** ◊ (auto-)évaluation de leurs effets via le ***rapport d'activités*** ◊ déduction des besoins en compétence professionnelles en vue d'un ***plan de formation continuée des maîtres***

Leur mérite n'aurait pas été mince de réaliser une compilation de ce qui s'est publié à propos des thèmes qu'ils ont retenus. Leur souci de créditer leurs sources des emprunts qu'ils leur ont faits montre à suffisance qu'ils se sont soigneusement documentés. Leur apport est, cependant, d'un autre ordre : c'est une synthèse originale qu'ils nous livrent.

Ils considèrent leur lecteur avec respect, se refusant à le traiter en consommateur de fiches à polycopier tout en respectant ses urgences : le texte est concis, les énumérations très complètes, les entrées dans chaque chapitre sont multiples : par la définition, par la distinction de notions proches, par l'exemple, par la pertinence, par la mise en œuvre…

Ni du banal prêt à porter ni de l'importable haute couture, « simplement » des propositions pragmatiques destinées à des professionnels à la recherche permanente d'outils à mobiliser plus que de solutions à appliquer. Le défi annoncé dans l'introduction est donc relevé car ce manuel offre à l'école d'aujourd'hui des pratiques qui concilient l'idéal et le possible !

Victor NIZET
Inspecteur principal

INTRODUCTION

Pourquoi ce livre ? Pourquoi maintenant ?

À ces deux pourquoi, le même ordre de réponse : les mutations que l'école vit aujourd'hui. En effet, depuis quelques années, dans la majorité des pays occidentaux, l'enseignement fondamental et l'enseignement secondaire connaissent un certain nombre de changements assez fondamentaux :

- un changement de **structure** avec le passage de plus en plus généralisé d'un fonctionnement par années à un fonctionnement en cycles ;
- un changement des programmes qui, jadis formulés en termes de matières, sont aujourd'hui exprimés en termes de compétences ; celles-ci impliquant la mobilisation, par l'élève, de ses propres ressources, il convient de privilégier les pratiques qui placent le plus souvent l'apprenant en situation de mobiliser ses acquis, pour favoriser le développement de compétences ;
- un changement des **rôles sociaux** de l'école, ceux-ci se limitant de moins en moins à l'instruction et à la poursuite de la socialisation commencée en famille ; l'institution scolaire doit actuellement, en plus de ses rôles traditionnels, prendre en charge la sensibilisation à la protection de l'environnement, la prévention des assuétudes, le développement de la citoyenneté responsable, ... ;
- un changement de **méthodologie** : suite aux apports de la psychologie cognitive notamment, la pédagogie par objectifs cède le pas à l'auto-socio-constructivisme : l'élève doit, par son travail personnel et par la confrontation cognitive de son point de vue à celui d'autres, développer ses propres apprentissages et compétences ;
- un changement du **public scolaire** beaucoup plus hétérogène aujourd'hui : les élèves ont de moins en moins de repères communs, que ce soit au niveau des modèles familiaux, des valeurs de référence ou des projets de vie. Dans les faits, l'école est une véritable société plurielle.

Ces changements que vit l'institution scolaire impliquent aussi des mutations du métier d'enseignant ; les principales sont les suivantes.

- L'enseignant est appelé à devenir un **praticien réflexif**, c'est-à-dire un professionnel capable d'analyser ses propres pratiques et leurs effets.

Autrement dit, l'enseignant ne peut plus se contenter d'appliquer des techniques apprises lors de sa formation initiale ; il doit prendre distance par rapport à ses pratiques pour les utiliser de façon plus consciente, ce qui le rendra plus autonome, plus acteur que simple exécutant.

– L'enseignement, hier métier individuel, devient de plus en plus un **métier d'équipe**, principalement parce que la construction et le développement de compétences ne peuvent se réaliser efficacement que dans des laps de temps plus longs qu'une année scolaire (l'association du concept de cycle à celui de compétence n'est pas due au hasard mais, entre autres raisons, au fait qu'une compétence réclame davantage de temps qu'une connaissance pour être valablement construite). Par ailleurs, certaines compétences, dites transversales, doivent se développer et s'exercer à travers les différentes disciplines scolaires. De plus, certains apprentissages réclament une approche interdisciplinaire. Que ce soit donc pour des raisons de continuité dans le temps, de cohérence transdisciplinaire ou interdisciplinaire, les enseignants sont de plus en plus appelés à se concerter pour que leurs interventions didactiques individuelles s'intègrent de mieux en mieux dans des projets éducatifs et pédagogiques communs.

– L'enseignant doit devenir un **spécialiste de l'apprentissage** en menant une « pédagogie de la réussite ». En effet, parmi les changements évoqués plus haut, ceux qui ne résultent pas de l'évolution sociale mais qui ont été voulus ou choisis par les décideurs politiques et pédagogiques (travail en cycles, par compétences, grâce au constructivisme interactif) l'ont généralement été dans le but de lutter contre l'échec scolaire. Pour cela il convient de pratiquer :
    - la ***pédagogie différenciée*** : prendre en compte les différences entre les élèves afin de donner à chacun les meilleures chances de développement optimal ;
    - la ***pédagogie participative*** : rendre l'élève davantage acteur de ses apprentissages et davantage responsable de ce qui se passe en classe et dans l'école ;
    - la ***pédagogie fonctionnelle*** : assurer l'alternance et l'équilibre entre activités fonctionnelles et activités de structuration ; une activité est fonctionnelle quand elle est réalisée, non pour elle-même, mais au service d'un but à atteindre (par exemple, je lis telle démarche proposée pour réaliser un travail manuel) ; au contraire, une activité de structuration est réalisée pour elle-même (par exemple, je lis telle colonne de mots pour savoir mieux lire) ;
    - la ***pédagogie globale*** : s'adresser à l'élève dans toutes ses composantes (cognitive, culturelle, affective, sociale, corporelle, éthique, ...) afin de favoriser un développement global, condition d'un meilleur épanouissement personnel mais aussi d'un meilleur apprentissage.

Il est bien sûr impossible d'épuiser tous ces sujets et de répondre à toutes les interrogations qu'ils posent, en quelques dizaines de pages. Ces divers aspects de la pédagogie actuelle ont déjà fait l'objet de plusieurs ouvrages. Le but de celui-ci est essentiellement pratique : tenter de concilier l'idéal (que présentent les livres de réflexion et de recherches théoriques) et le possible (ce que les enseignants tentent, au jour le jour, de réaliser dans leurs classes pour s'adapter aux réalités actuelles de leur métier). L'ambition de ces pages est donc de proposer de façon simple et concrète diverses pratiques pédagogiques utilisables dans toutes les matières et, généralement, à tous les niveaux d'enseignement. Les pratiques retenues l'ont été parce qu'elles apparaissent comme :

- adaptées aux conceptions actuelles de l'enseignement et de l'apprentissage ;
- privilégiant la participation active des élèves ;
- permettant la différenciation associée à l'évaluation formative ;
- favorisant le travail par compétences ;
- suscitant la continuité des apprentissages ;
- ne demandant pas de conditions matérielles ou autres particulières.

Le but visé n'est pas de proposer des pratiques qui seraient entièrement nouvelles (la plupart sont connues, au moins de nom ; certaines sont pratiquées parfois). Il s'agit plutôt d'aider chaque enseignant à enrichir sa « boîte à outils pédagogiques » ou à utiliser ces pratiques de façon plus consciente, plus réflexive.

Dans cette perspective, la présentation de chaque pratique retenue se limitera à ce qui est nécessaire pour que l'enseignant qui le souhaite puisse, en un temps raisonnable, s'approprier les informations nécessaires pour pouvoir la pratiquer avec ses élèves. Autrement dit, chaque pratique sera définie et illustrée d'exemples. Ensuite, les points forts et les dérives à éviter seront soulignés, parce que une pratique pédagogique n'est jamais neutre. Pour terminer, les éléments nécessaires pour la mise en œuvre seront précisés.

Enfin, si plusieurs pratiques sont proposées (et non une seule), cela signifie que pour nous il n'y a pas de meilleure pratique, si ce n'est d'en utiliser plusieurs, consciemment choisies. Une pratique est un outil et à ce titre, elle est meilleure ou moins bonne qu'une autre en fonction du but visé, des élèves concernés, du moment, ... Les pratiques proposées dans ce livre le sont parce qu'elles peuvent aider chaque enseignant à poursuivre les buts de l'école d'aujourd'hui, comme le montre le tableau suivant[1].

1. Pierret P., *Ensemble*, n° 231, p. 7.

***Progresser* vers l'école de la réussite**

c'est-à-dire vers le développement optimal de chaque élève

par **– une organisation en cycles**

- **une pédagogie différenciée**
- **une pédagogie fonctionnelle**
- **une pédagogie participative**
- **une pédagogie globale**

en utilisant **notamment comme pratiques :**

- **les défis ou situations problèmes**
- **l'apprentissage par problèmes**
- **les ateliers d'apprentissage**
- **le travail de groupe**
- **les projets**
- **les contrats pédagogiques**
- **le conseil d'élèves**
- **les jeux**
- **les démarches de conceptualisation**
- **les démarches d'apprentissage guidées**

Chapitre 1

LES SITUATIONS-PROBLÈMES

1 DE QUOI S'AGIT-IL ?

Une situation-problème est une situation, concrète le plus souvent, simple d'apparence et familière, avec une consigne demandant une action à l'élève (action qui souvent suppose des manipulations réelles ou représentées), qui remet en question ce que l'élève connaissait ou croyait connaître (ses représentations) parce que aucune solution ou démarche connue ne convient, et qui laisse l'élève libre quant à la démarche de recherche et de résolution. Pour résoudre le problème posé, la seule issue possible est l'acquisition de l'apprentissage visé. La difficulté peut aussi venir du fait que le problème posé par la situation proposée paraît a priori insoluble ou qu'il pose une question insoupçonnée et interpellante, par exemple suite à une expérience surprenante qui contredit les résultats escomptés par les élèves. De telles situations-problèmes sont parfois aussi appelées *défis* ou situations complexes d'apprentissage à vivre. Le fait de parler de situation-problème plutôt que de problème simplement souligne la nécessité de contextualiser le problème dans une situation qui lui donne tout son sens, sa réalité.

Pour la résolution de telles situations, se succèdent des essais individuels, des confrontations entre apprenants, en petits groupes ou en grand groupe, qui peuvent amener des conflits socio-cognitifs et l'éventuelle injection d'indices par l'enseignant. La résolution du problème sera suivie de la formulation explicite des découvertes et d'une phase de consolidation des acquis.

La situation-problème est à distinguer de la « mise en situation d'apprentissage » ou de la « motivation » apparaissant parfois comme première étape d'une activité didactique. Il s'agit, dans ces cas, d'une introduction à une activité d'apprentissage qui peut se présenter sous forme de charade, de jeu, d'anecdote relative à l'actualité, de chant (Gérard Lenorman se doute-t-il du nombre de fois que sa chanson « Si j'étais Président » a servi à l'introduction de l'étude du conditionnel présent ?). Mais ces éléments introductifs sont essentiellement des prétextes, des façons de « dorer la pilule » et n'interviennent plus dans la suite de la séance ou des quelques séances traitant du sujet abordé. Par contre, dans la démarche reposant sur l'exploitation d'une situation-problème, toute la séance repose entièrement sur la recherche de solution au problème posé. Cela suppose que tous les éléments impliqués dans l'apprentissage visé doivent être intégrés dans la situation-problème proposée.

Par exemple, à propos de la symétrie orthogonale, une situation-problème à proposer aux élèves peut être la suivante.

Dessinez le reflet de ce paysage dans l'eau qui le borde.

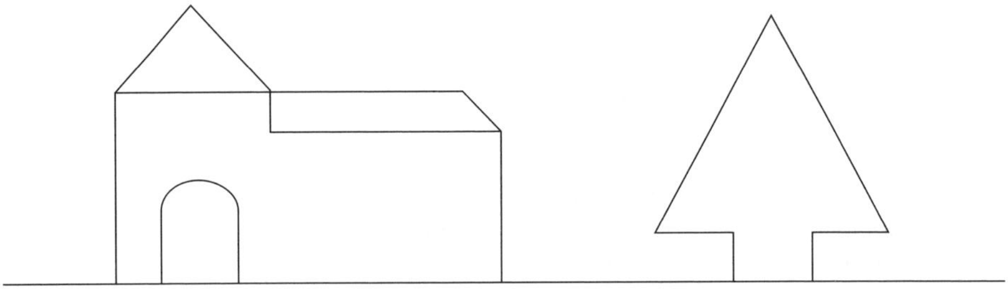

Pour réaliser la tâche demandée, les élèves devront chercher l'image de points, de segments et de surfaces. Cela, ils le font également dans une démarche classique mais, dans ce cas, la démarche est généralement enseignée (expliquée par l'enseignant plus que découverte par les élèves) et les élèves ne savent pas pourquoi ils doivent chercher l'image d'un point ou d'un segment alors qu'ici, la démarche a du sens pour les élèves. Ils savent pourquoi ils font ce qu'ils font, ce qu'ils réalisent a un sens pour eux.

L'apprentissage par situations-problèmes est également à distinguer de l'apprentissage par problèmes (APP)[1] même si les deux pratiques présentent un certain nombre de points communs.

Points communs entre situations-problèmes et apprentissage par problèmes : dans les deux cas

- il y a un problème à résoudre pour lequel aucune démarche connue ne suffit ;
- l'élève doit produire quelque chose.

Points de divergence entre situations-problèmes et apprentissage par problèmes :

- la durée : la situation-problème se traite en une ou quelques séances alors qu'un apprentissage par problèmes dure nettement plus longtemps (de quelques jours à quelques mois) ;
- l'apprentissage visé : la situation-problème vise essentiellement un apprentissage bien ciblé alors qu'un apprentissage par problèmes vise l'acquisition de plusieurs apprentissages intégrés pouvant se référer à divers domaines de connaissance et exiger le recours à des ressources variées.

Enfin, la situation-problème ne doit pas se confondre non plus avec le projet[2].

1. Voir chapitre 2.
2. Voir chapitre 5.

Situation-problème	***Projet***
Activité essentiellement disciplinaire.	Activité essentiellement interdisciplinaire.
À l'initiative de l'enseignant le plus souvent.	À l'initiative des apprenants le plus souvent.
La motivation vient du fait que le problème posé remet en question ce que l'apprenant croyait connaître (motivation interne).	La motivation vient du but visé (motivation externe).
L'activité se termine par une formulation générale de la découverte (concept et/ou procédure de résolution) et par le sentiment personnel de l'apprenant d'avoir appris ou compris quelque chose de neuf ou de plus.	L'activité se termine par la présentation du résultat (production), par l'évaluation du produit et de la façon dont s'est réalisée cette production.
Les difficultés résident dans l'invention des situations-problèmes et dans le choix du bon moment pour injecter les indices adéquats.	Les difficultés résident dans le risque de dérive productive (être plus attentif à ce qui est à produire qu'à ce que l'élève doit développer ou acquérir) et de cantonner chaque élève dans ses acquis antérieurs.
Il s'agit d'un temps de construction des compétences, de déstabilisation et de rééquilibration.	Il s'agit d'un temps d'utilisation des acquis, de mise en confiance en soi et avec les autres.

2 EXEMPLE[3]

L'apprentissage visé par la situation-problème qui suit concerne *la construction du tableau à double entrée*, même si le problème posé en début de démarche ne le laisse pas soupçonner. Il en va d'ailleurs régulièrement ainsi lors de l'utilisation de situations-problèmes : la consigne donnée aux apprenants en début d'activité n'est pas immédiatement révélatrice de l'apprentissage visé (ce qui a l'avantage de permettre d'éviter les « blocages de départ » du genre « C'est des maths, de toute façon je n'y comprendrai rien ! »).

Problème de départ lu aux élèves :
Voici 12 aliments ; vous devez les classer en « fruits » et « légumes » : cerise, poivron, pomme, rhubarbe, carotte, tomate (à propos de la tomate,

3. La situation qui suit peut être exploitée depuis la fin de l'école primaire jusqu'à la formation continuée d'adultes.

quelques élèves réagissent d'habitude en disant que, pour cet aliment, il y a un piège... mais ils ne classent pas le poivron ou le concombre dans la même catégorie « piège » !), *salade, haricot, prune, concombre, chou-fleur, poire.*

Quand ce classement individuel est terminé, la deuxième consigne est :
Sous l'ensemble des aliments que vous avez classés comme fruits, notez les caractéristiques qui font que, pour vous, ce sont des fruits ; et de même pour les légumes.

La dernière consigne du travail individuel est la suivante :
Sur base des caractéristiques identifiées pour les fruits, rédigez votre définition de ce qu'est un fruit ; faites de même pour la notion de légume.

Après cette phase individuelle, les élèves sont groupés par quatre ou cinq pendant quelques minutes pour se présenter mutuellement leurs productions et pour les argumenter.

Une première mise en commun avec l'ensemble de la classe sert à relever les critères pris en compte par les élèves pour différencier les fruits des légumes. L'enseignant note les critères énoncés en deux colonnes. Dans une colonne apparaissent des critères tels que « ça pousse en terre ou sur des arbres et arbustes », « ça contient des graines », ... Dans l'autre colonne se retrouvent des critères comme « c'est plus sucré », « on les mange au dessert », ... D'autres critères surviennent régulièrement mais ils sont surtout l'expression du manque de certitude des réponses avancées, de la rupture ou déstabilisation que le problème a provoquée : « on le sait », « on nous l'a toujours dit », ...
La conclusion à retirer de cette rapide mise en commun est la suivante :
Certains ont classé les aliments donnés en prenant le point de vue du biologiste (critères de la première colonne) ; d'autres ont réalisé leur classement en prenant le point de vue de la cuisinière ou de la vie quotidienne (critères de la deuxième colonne). Une nouvelle consigne est donnée. *Vous devez maintenant classer ces 12 aliments en fruits et légumes mais de façon telle que le biologiste aussi bien que le cuisinier puissent être d'accord avec votre classement. Attention : chaque aliment ne peut être écrit qu'une fois (et mettre plusieurs fois une croix par exemple à côté d'un aliment reviendrait à l'écrire plusieurs fois).*

Les élèves entament à ce moment une nouvelle recherche individuelle qui sera régulièrement enrichie de confrontations en petits groupes. Pendant cette phase, l'enseignant écoute et observe ce qui se passe et peut injecter certains indices (table des matières de livres de recettes culinaires, définitions de « fruit » et de « légume » extraites de dictionnaires, ...). La découverte de la solution qui clôture généralement cette phase se construit d'habitude en deux étapes : lors de la première, les élèves perçoivent que l'outil à utiliser pour organiser une même réalité selon deux points de vue simultanément, c'est le tableau à double entrée. La deuxième étape consiste à trouver quels sont les deux points de vue et quels sont les critères à prendre en compte pour chaque point de vue (celui du biologiste et celui du cuisinier). La réponse construite en fin de démarche est la suivante.

Biologiste / Cuisinier	***Racine***	***Feuille***	***Fruit***	***Tige***	***Fleur***	…
Fruit			*cerise pomme prune poire*	*rhubarbe*		
Légume	*carotte*	*salade*	*poivron tomate haricot concombre*		*chou-fleur*	

Bien sûr, les élèves sont capables de compléter un tableau à double entrée adapté à leur âge dès l'école maternelle. Mais la difficulté rencontrée par de futurs enseignants pour résoudre le problème posé par cette classification des fruits et légumes montre que les élèves peuvent remplir et utiliser pendant des années l'outil tableau à double entrée sans en comprendre pleinement le sens et la pertinence. Il en va probablement souvent ainsi lorsque les élèves ont appris à utiliser des outils sans d'abord les construire eux-mêmes.

3 POINTS FORTS ET LIMITES DES SITUATIONS-PROBLÈMES

3.1 Points forts

Par cette pratique des situations-problèmes, les notions fondamentales ou difficiles peuvent être travaillées avec les élèves à des âges différents. La mise en œuvre de situations-problèmes peut ainsi aider à passer d'une conception linéaire de l'apprentissage (fondée essentiellement sur la matière) à une conception spiralaire ou intégratrice, davantage adaptée à la construction de compétences, de savoirs opérationnels ou utilisables.
Par exemple, pour *construire le concept de fractionnement,* voici 3 activités pouvant être proposées respectivement aux 2e, 3e et 4e cycles de l'enseignement fondamental.

Pour les 5 à 8 ans :
« Combien y a-t-il de portions dans cette boîte de fromage ? »

Pour les 8/10 ans (et plus) : « Que vaut chaque morceau du jeu de Tangram si le jeu complet vaut 1 ? »

Pour les 10/12 ans (et plus) :
« Que vaut la partie dessinée par rapport au rectangle dans lequel elle se trouve ?
Cherche la réponse sans calculer les aires ! »

De la même façon, un même savoir à construire peut être abordé au même cycle par le biais de situations-problèmes apparemment différentes mais reposant en réalité sur un même élément de connaissance. Cela peut favoriser l'approche spiralaire (aborder les mêmes compétences par le biais de situations-problèmes différentes successives) et, par là, faciliter le transfert des acquis.

Exemple.
Étant donné un rectangle de 6 cm de largeur et 8 cm de longueur, en dessiner un semblable (c'est-à-dire ayant un même rapport entre longueur et largeur) dont l'aire vaut la 1/2 de celle du rectangle donné.

Lorsque je photocopie un document A3 en réduction sur une page A4, la photocopieuse indique « Réduction : 71 % » et non 50 %. Pourquoi ?

Dans les deux problèmes donnés ci-dessus, c'est le même savoir à construire qui est visé : le rapport entre la modification des dimensions linéaires d'un quadrilatère et la modification de son aire.

Toujours dans le même ordre d'idées, une situation-problème peut souvent, une fois résolue, être relancée grâce à l'introduction d'éléments ou de paramètres supplémentaires. Par exemple, dans le problème proposé précédemment relatif au classement d'aliments, le fait d'ajouter à la liste de départ les champignons ainsi que les pétales de maïs ou les grains de blé mangés au petit déjeuner va nécessiter divers ajustements à la synthèse construite précédemment.

L'exploitation de situations-problèmes (comme de toute situation suffisamment ouverte) favorise la différenciation de fait puisque chacun travaille selon ses compétences et acquis, selon son rythme et son profil pédagogique.

L'inadéquation ou l'exactitude d'une réponse ne risque plus guère d'être perçue comme arbitraire, l'évaluation des solutions proposées étant réalisée par les apprenants, en fonction du fait qu'elles permettent ou non de résoudre le problème posé.

Un autre intérêt de l'utilisation des situations-problèmes réside dans le plaisir de la découverte, manifesté spontanément par les élèves, ce qui est rarement le cas dans les démarches d'enseignement expositif ou par conditionnement (où les élèves manifestent plutôt du soulagement d'en avoir terminé !).

L'apprentissage par situations-problèmes augmente également la probabilité de confronter les élèves à des situations qui ont ou peuvent avoir du sens à leurs yeux. Ceci ne signifie pas que les éléments notionnels, moins significatifs a priori pour les apprenants, ne seront pas abordés, mais ils viendront à leur heure, quand ils seront nécessaires pour comprendre ou pour expliquer un fonctionnement.
Par exemple, dans l'optique de l'utilisation de situations-problèmes, on pourrait demander aux élèves de mettre un texte au pluriel.

> *« Hier, nous avons rédigé ensemble la synthèse de ce que nous avions observé jusque maintenant de la vie des vers de terre qui sont dans notre terrarium. Imaginez que nous ayons choisi comme titre, non pas « Le ver de terre », mais « Les vers de terre ». Recopiez notre texte d'hier en changeant tout ce qu'il faut à cause du changement de titre (on ne parle plus d'un ver mais de plusieurs) ».*

Cette transformation et d'autres analogues permettront de réaliser progressivement un certain nombre de constats et de classements :

- *les mots qui ne changent pas et ceux qui changent quand on passe de un à plusieurs ;*
- *on peut classer les mots qui ne changent pas en quelques groupes ;*
- *on peut aussi classer les mots qui changent :*
  - *ceux auxquels on ajoute une lettre (s ou x) ;*
  - *ceux auxquels on ajoute plus d'une lettre (nt) ;*
  - *ceux auxquels on change les dernières lettres (aux) ;*
  - *ceux qui changent totalement (ses → leurs) ;*

- *pourquoi les mots qui changent le font-ils différemment ? Parce qu'il y a des noms, des verbes, ...*

Les mêmes apprentissages que dans d'autres démarches plus habituelles seront donc abordés, mais dans un autre ordre, mieux adapté à la démarche de celui qui apprend (dans l'exemple donné, en allant de l'orthographe vers la grammaire et non l'inverse), en allant de ce qu'on peut constater, d'un fonctionnement, vers son explication. Ce qui était point de départ dans une démarche davantage transmissive devient aboutissement dans une démarche fondée sur la résolution de situations-problèmes. Ceci montre que l'exploitation de situations-problèmes repose sur le principe suivant : l'esprit de celui qui apprend « procède non pas du simple au complexe, mais d'une complexité implicite et diffuse vers une complexité explicite et distincte » (Bourjade). En effet, seul celui qui sait déjà peut aller du simple au complexe, parce que, avant même de partir du simple (de ce qu'il sait être un élément constitutif d'un ensemble complexe), il sait où il va. Le mathématicien peut aller du point vers le solide, l'instituteur peut aller de la lettre vers le texte, le biologiste peut aller de la cellule vers l'animal. Celui qui apprend, quant à lui, part de ce qu'il perçoit (un solide, un texte, un animal) parce qu'il ne peut progresser que d'une réalité vers sa structure, d'un fonctionnement vers son explication, d'un problème vers sa solution.
Partir de situations-problèmes convient donc mieux à la démarche mentale de celui qui apprend et correspond aussi aux démarches suivies par le mathématicien, le biologiste, l'historien, ... chacun dans sa discipline, non quand il enseigne, mais quand il cherche la solution à un problème inédit.

D'autres apports importants des situations-problèmes viennent de ce qu'elles favorisent chez les apprenants :
- le désir d'apprendre et une relation plus dynamique que réceptive au savoir, celui-ci étant élaboré et perçu comme outil pour résoudre une famille de situations-problèmes ;
- la possibilité pour chacun d'aborder l'activité selon ses moyens propres tout en participant à la construction d'une solution commune ;
- la nécessité d'essayer, d'émettre des hypothèses, de prouver, ... ce qui contribue au développement de compétences fondamentales ;
- l'acquisition plus solide et plus durable de ce qui a été personnellement élaboré ;
- la remise en cause de leurs représentations, ce qui constitue une condition nécessaire d'un réel apprentissage durable ;
- le transfert des acquis, facilité grâce au fait qu'ils ont été construits sur base de situations semblables à celles où ils sont ou seront d'application (les pratiques sociales de référence) ;
- l'amélioration de la communication, notamment au niveau de la précision et des nuances, pour se faire comprendre des autres.

3.2 Limites et dérives à éviter

Certains élèves (parfois de bons élèves, bien adaptés au système scolaire) n'osent pas chercher, s'aventurer en courant le risque de se tromper ou de ne pas trouver la solution.

Certains apprenants ne savent pas comment résoudre le problème posé, ne progressent pas dans leur recherche et risquent de se décourager. L'enseignant doit donc avoir prévu des indices à injecter pour relancer le travail des élèves. La difficulté pour l'enseignant réside bien sûr dans le choix des indices à apporter et du moment où les proposer (ni trop tôt ni trop tard, pour aider les élèves mais sans fournir la réponse).

La possibilité pour les élèves de contourner le problème ou de le résoudre autrement qu'en construisant l'apprentissage visé constitue un écueil parfois difficile à supprimer.

La difficulté de trouver des situations-problèmes adéquates, de se mettre mentalement à la place de l'élève pour cerner l'obstacle qu'il est prêt à aborder, constitue une autre limite.

Le recours à des situations-problèmes oblige l'enseignant à dominer beaucoup plus largement et beaucoup plus en profondeur les contenus d'enseignement, aussi bien pour pouvoir formuler des situations pertinentes que pour savoir les exploiter efficacement.

Certaines disciplines (mathématiques et sciences notamment) semblent plus que d'autres propices à la conception de situations-problèmes.

4 COMMENT FAIRE ?

4.1 Étapes

a) Dans un premier temps, chaque élève est confronté à une situation, concrète le plus souvent, d'apparence simple et familière, et à une consigne lui demandant de réaliser une action mais qui le laisse libre quant à sa démarche ; cette action à mener remet en question ce qu'il croyait connaître parce que aucune solution ou démarche connue ne convient, ce qui crée une rupture.

b) Après des essais individuels, l'élève pourra confronter ses essais, tâtonnements, ... à ceux d'autres et diverses phases de travail individuel et de confrontations en petits groupes vont alterner. La nécessité de formuler ses intuitions va susciter l'élaboration d'un langage technique et de définitions.

c) La dernière étape consistera en la théorisation de la solution découverte, théorisation qui n'est pas simple verbalisation, mais formulation basée sur la nécessité de prouver ce qu'on propose et d'aboutir à une solution admise à l'unanimité. Il y a donc passage de l'intelligence opératoire (savoir comment faire) à l'intelligence conceptuelle (savoir pourquoi c'est ainsi qu'il faut faire ou que cela fonctionne).

Comme le soulignent Ph. Jonnaert et C. Vander Borght[4], une telle démarche « socioconstructiviste interactive » provoque dans le chef de l'élève une triple confrontation ou interaction : avec ses propres connaissances antérieures, avec les autres (ses pairs et l'enseignant), avec le milieu (la situation, le matériel à manipuler, etc.).

4.2 Quelques pistes pour construire des situations-problèmes

a) *L'histoire du savoir concerné et ses diverses expressions selon les contextes culturels* permettent souvent de préparer un certain nombre de situations-problèmes.
Exemples.
   - *Nous savons effectuer des multiplications écrites. Mais tout le monde ne les effectue pas comme nous. Voici deux façons différentes de procéder pour effectuer la multiplication 135 x 342.*

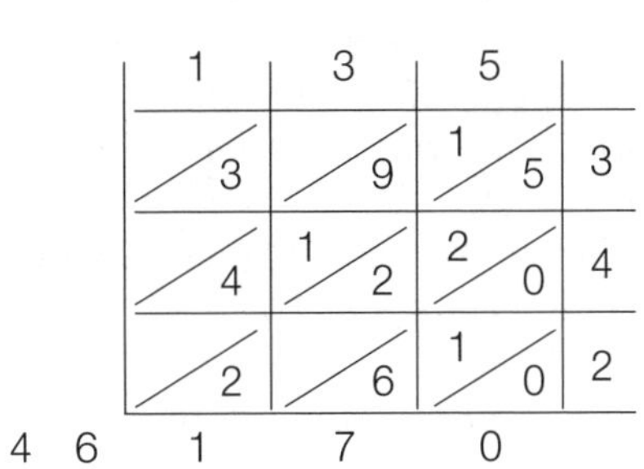

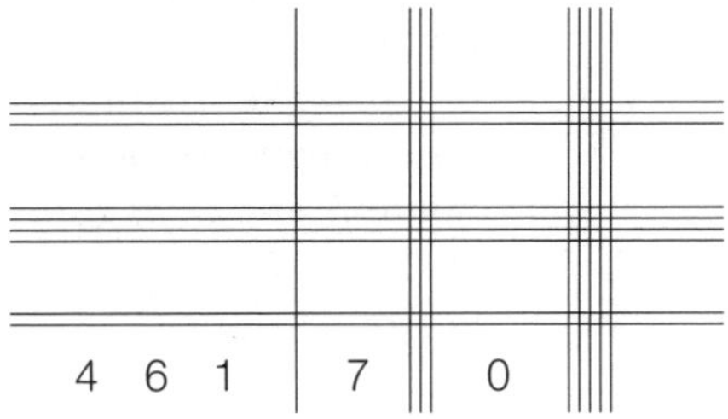

   Essaye d'effectuer, par ces deux procédés, la multiplication 321 x 213.

   - *Voici comment les Sumériens écrivaient les nombres il y a environ 4000 ans[5] :*

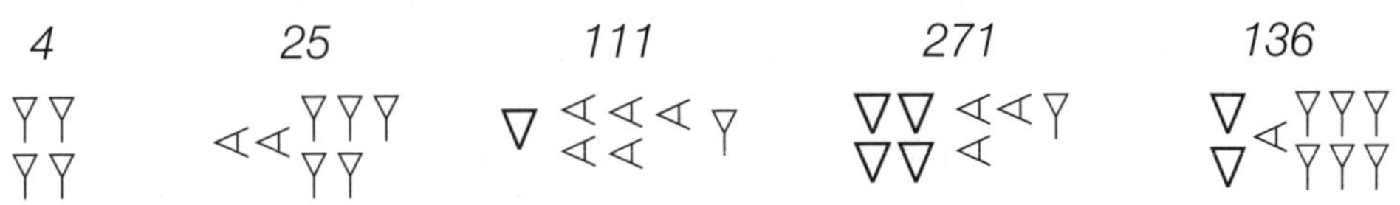

   Écris comme eux 36 145 308

4. Jonnaert Ph. et Vander Borght C., 1999, pp. 31 à 33.
5. Exercice inspiré de Ifrah G., 1981.

- *Voici un texte écrit en vieux français. Il s'agit de le recopier en français actuel.*
  « Pierre de Wicourt et Guillaume Donys ont logé et traité le capitaine avecq son train ; les déspens estimés à 10 florins.
  Pierre Blanchebarbe après avoir donné à ses soldats viandes, vin et bière à suffisance ont tout desrompu, ses ustensiles de mesnaige et les (ont) bruslé ; voires ont-ils coupé la gorge à une beste rouge et la laissé sans la manger ou emporter ; les despens et dégast qu'ils ont faict montent à plus de 8 florins.
  Claus de Wampach, charpentier et maçon de son mestier, leur a donné chaire, pain et bière à suffisance afin qu'ils ne bruslassent son mesnage, l'ont contraint de leur donner 48 sols ; ce nonobstant luy ont emporté ses utilles de charpentier. Les despens et degasts estimés à 11 florins.
  Henry Claus leur a donné viandes et boissons autant que pour suffire et, pour ne leur avoir donné argent, l'ont déchassé et desrompu son mesnaige. Les despens et degast estimés à 5 florins et plus. Il va mendier son pain.
  Robert Stalman leur a donné pain, chaire, bière à suffisance et, non contents de ce, ont voulu desrompre son mesnaige tellement qu'il a esté contrainct leur donner 36 sols qu'il a emprunté oultre les despens estimés à 4 florins. Jehan le Razet a commencé à bastir une petite logette, leur a donné à boire et manger à suffisance. Ce nonobstant luy ont rompu et bruslé ses ustensiles de mesnage et menacé qu'au cas il ne leur donnait de l'argent, ils abateraient les murailles encommencées, tellement qu'il fut contrainct leur donner 28 sols oultre les despens estimés à 5 florins. »
  H. Jacob, *Bruyères, bêtes et gens d'Ardenne*, Crédit communal, collection Histoire, n° 74, Bruxelles, 1988, pp. 103-104

b) Une autre piste consiste à imaginer un *problème qui replace les élèves dans la situation dans laquelle se trouvaient ceux qui ont dû construire le savoir* à faire redécouvrir par les élèves, ou dans une situation analogue.

   Exemples.
   - *Proposer aux élèves de dessiner la grille qui permettrait de jouer au combat naval si on y jouait en plaçant les bateaux (des punaises) sur une orange et non sur une feuille de papier. En réalité, les élèves doivent dans ce cas réinventer les deux familles de courbes repères (méridiens et parallèles) et choisir une courbe repère dans chaque famille (pour remplir le rôle de l'équateur et du méridien de Greenwich)*[6].

6. Exemple proposé par Marie Pierre Daguin, La terre est bleue comme une orange, in *Dialogue*, n° 53, p. 17 et cité par François Tilman, *Valise pédagogique*, Le Grain, C.N.F.E.T.P., Lille (sans date).

- *Demander aux élèves de faire flotter de la plasticine (ils doivent redécouvrir le principe d'Archimède).*
- *Donner aux élèves un mot qui n'existe pas et sa définition ; ils doivent donner la définition d'autres mots de la même famille et sont, par là, amenés à réinventer le sens de préfixes et suffixes, le fonctionnement du lexique, les classes de mots.*
  Exemple : « Si la CRAPOTE est une planète appartenant à une galaxie lointaine, que signifient un crapotien – un soucrapotain – encrapoter – une crapotienne – acrapotir – décrapoter –… »

c) Certaines *questions issues du quotidien* peuvent constituer de vrais défis.
Exemple.
Comment fonctionne la poubelle à pédale ? Que se passe-t-il dans cette poubelle pour que, lorsque je pousse sur la pédale, le couvercle se lève ? Dessine un schéma qui montre comment cela fonctionne.

d) Le problème peut venir de *la confrontation d'éléments ou d'informations* qui se contredisent ou au moins diffèrent plus ou moins sensiblement.

Les éléments à confronter peuvent être issus de *sources différentes.*
Exemples.
- *Des textes historiques d'origines différentes qui relatent ou décrivent la même réalité ou le même événement.*
- *Des articles de deux ou trois journaux différents relatant le même fait divers ou d'actualité ; des versions différentes d'un même conte ; la même histoire proposée dans des genres d'écrits différents : roman, bande dessinée, roman photos, dessin animé, film.*

Les éléments à confronter peuvent aussi être des *productions d'élèves.*
Exemple.
Chaque enfant trace le trajet de son domicile à l'école.
Les enfants sont ensuite groupés par trois ou quatre ; l'enseignant a constitué les groupes pour réunir des enfants venant d'endroits fort différents de la localité ou du quartier. Les enfants de chaque groupe doivent, sur base des trajets individuels dessinés, construire un plan unique intégrant les trajets de chacun. Pour y parvenir, ils vont devoir, sans que l'adulte le leur dise, se mettre d'accord sur les deux éléments essentiels de la construction d'un plan ou d'une carte : avoir la même orientation et une échelle commune.
Afficher les productions et poser la question « Qu'avez-vous dû changer dans vos plans individuels pour vous mettre d'accord sur un plan commun ? », ceci pour faire exprimer et conceptualiser les deux éléments essentiels qui viennent d'être cités : l'orientation et l'échelle.

Les éléments à confronter peuvent également découler de l'expression des *représentations mentales des élèves.*
Exemple.
Donner aux élèves la silhouette d'un corps humain et leur demander : « Dessinez sur ce personnage le trajet que parcourent les aliments qu'il mange ».
Par groupes de trois ou quatre, les enfants confrontent leurs dessins individuels.
Cette confrontation peut être suivie d'un deuxième dessin individuel.
Les dessins sont ensuite exposés pour y relever les éléments communs et corrects, mais aussi les éléments contradictoires (ex : les aliments passent-ils ou non par les poumons, par le cœur, ...), erronés ou manquants.
Ce sont ces trois sortes d'éléments qui feront l'objet de recherches d'informations (par des lectures ou interviews de personnes ressources, notamment).

Enfin, les éléments à confronter peuvent venir de la *comparaison de situations proches mais différentes.*
Exemple proposé à la page suivante.

e) Le problème posé aux élèves peut encore venir d'une question pouvant être résolue par une *manipulation* concrète mais *pour laquelle le matériel est donné en quantité insuffisante.*
Exemple : « Nous savons que 1000 litres d'eau = 1m^3. Quelle place cela occuperait-il dans notre classe ? »
Les élèves disposent de 35 à 40 boîtes d'un litre chacune. Ils doivent donc « réinventer » les 3 dimensions par un travail intermédiaire entre la simple manipulation (qui serait possible s'ils disposaient d'au moins 1000 boîtes) et l'application d'une formule qu'ils vont devoir construire.

f) La *limitation* ou contrainte peut également concerner *les démarches possibles* (qu'il est permis d'utiliser).
Exemple : les élèves doivent compter combien il y a d'allumettes dans une boîte mais ils ne peuvent compter que jusque 4 ; ils doivent donc réinventer le système des bases (base 4 dans ce cas au lieu de la base 10 à laquelle ils sont habitués).
(activité proposée par O. Bassis, 1998, pp. 104 et suivantes)

g) Une autre catégorie de situations-problèmes regroupe les cas où les apprenants reçoivent un *ensemble inorganisé d'éléments qu'ils doivent structurer.* Les éléments à organiser peuvent être les divers constituants d'une synthèse, les différentes étapes d'un processus ou d'une évolution, des concepts, leurs définitions et des exemples de leur mise en application ; ...

Symétrie et rotation

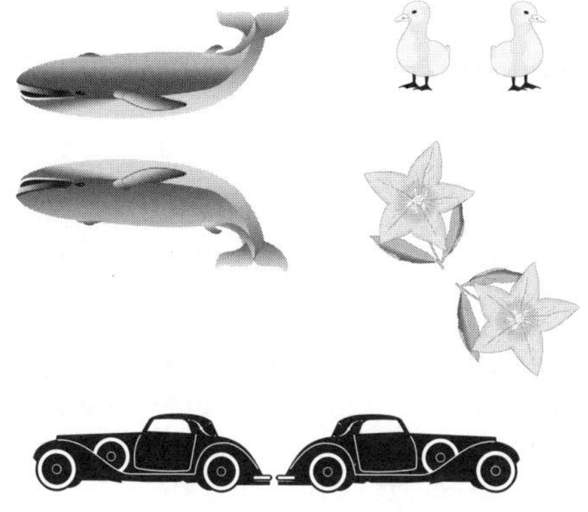	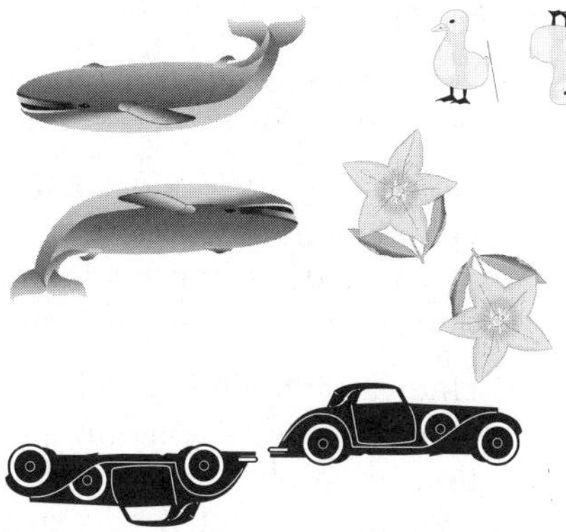
Dessine l'image de l'éléphant comme dans les exemples ci-dessus. 	*Dessine l'image de l'éléphant comme dans les exemples ci-dessus.* 
Explique comment tu as fait.	*Explique comment tu as fait.*
Exemples de situations où cette transformation existe.	*Exemples de situations où cette transformation existe.*

Exemples (illustrations pages suivantes).

- *textes en différentes langues à classer selon la langue et le contenu ;*
- *synthèse sur les déterminants.*

N.B. : les activités de lecture et grammaire textuelle regroupées sous l'appellation « tris de textes » peuvent trouver leur place ici.

Notons que dans une classe à plusieurs années ou dans un groupe particulièrement hétérogène, le même travail peut être demandé aux élèves, à propos du même sujet d'apprentissage, mais en utilisant des formulations ou des langages différents.

Une variante de la démarche précédente consiste à fournir aux élèves, en vrac, les différents cas d'accord d'une règle ou les diverses manifestations d'un phénomène et le problème à résoudre consiste, pour les apprenants, à trouver l'explication de cette diversité de cas ou de fonctionnements.
Exemple : les élèves reçoivent différentes phrases contenant chacune un cas d'accord du participe passé et ils doivent trouver pourquoi (et comment) l'accord se fait dans certains cas et pas dans d'autres.

h) Une autre source possible de situations-problèmes se trouve dans *les phénomènes surprenants.* Elle consiste à proposer un tel phénomène et les élèves vont devoir en chercher l'explication. Il s'agira d'apprentissage par situations-problèmes si, effectivement, les élèves doivent eux-mêmes émettre des hypothèses explicatives, imaginer des procédures pour les vérifier, les mettre en œuvre et dresser des constats. Si le phénomène surprenant n'est présenté que pour introduire et justifier l'exposé explicatif donné par l'enseignant, une belle occasion d'exploiter une situation-problème aura été perdue !

Exemples.

- *Placer au-dessus d'une bougie allumée une boîte en papier réalisée par pliages et remplie d'eau. Non seulement le papier ne brûle pas, mais l'eau chauffe progressivement et, avec un peu de patience, peut être amenée à ébullition !*
- *Proposer aux élèves un tour de magie mathématique en leur disant :*
  - *prenez votre âge*
  - *multipliez-le par deux*
  - *retirez quatre du nombre obtenu*
  - *multipliez ce nouveau nombre par cinq*
  - *choisissez un nombre entre un et neuf puis ajoutez-le au résultat précédent.*

  En ajoutant vingt au nombre final, vous obtenez un nombre de deux ou trois chiffres ; le chiffre le plus à droite est celui que vous avez choisi pour finir ; le nombre constitué par le (ou les) chiffre(s) de gauche est votre âge.
  Pourquoi est-ce que cela tombe toujours juste ?

Eerste ingebruikname

Deze autoradio/cassettespeler is door de fabriek voorzien van een vaste, 4-cijferige antidiefstalcode. U vindt deze code in de autoradiopas die met het toestel wordt meegeleverd. Nadat het toestel op de juiste wijze is aangesloten en u het voor de eerste keer in gebruik neemt, moet eerst de code worden ingegeven:

Message aux parents

Ce jouet propose aux enfants trois modes de transport différents : un train, une voiture et un avion. La piste est à la fois une voie ferrée d'un côté et une route de l'autre. L'assemblage du jouet par un adulte est conseillé pour les plus petits. Pour profiter au mieux du Tournepiste Route et Rail, mieux vaut l'utiliser sur une surface plate et rigide.

Première mise en circuit

Votre autoradio est codé d'origine.

Pour utiliser le poste il faut introduire le code à 4 chiffres indiqué par la carte d'identification de l'autoradio ci-jointe.

GB **CREAMED LEEKS IN PORTIONS**

Place the content in a small amount of water in a saucepan and gently heat, stirring it continuously.
For Microwave, place frozen content in a non-metallic bowl, cover and cook for 9 minutes on full power stirring from time to time. Consult your handbook for correct timings.
Cook from frozen; do not refreeze.
Storage: ** -6° C 2 days, ** -12° C 2 weeks, *** -18° C look to the expiry date.*
Ingredients : *cut leeks, fresh cream, guar-flour E412, corn flour, spices, flavourenhancer: mono-sodiumglutamate E621, malt vinegar extract, salt*
Nutritional Value (100 g): *energy 352 kJ (83 kcal) / proteins: 3 g / carbohydrates: 9 g / fat: 4 g.*

Message To Parents

Thank you for purchasing the Fisher-Price Flip Track Rail & Road Set™. The Flip Track Rail & Road Set™ gives kids three fun ways to get there from here: a train car and plane. The track can be flipped over to become either a railway or a roadway. Parent assembly suggested for the beginner. For best track performance, use on a flat, hard surface.

First-time operation

Your car radio is delivered with a code fixed ex factory.

Before the unit can be put into operation the four-digit code given in the enclosed car radio ID card must be entered.

PLEASE READ AND KEEP: *Toy not suitable for children under 3 years. Small parts might be swallowed or inhaled.*

F **POIREAUX À LA CREME, EN PORTIONS**

Sans décongélation préalable, réchauffer en remuant régulièrement :
- casserole : dans un peu d'eau, à couvert et feu doux
- micro-ondes : pendant 9min à 600 Watt.
Ne jamais recongeler un produit dégelé.
Conservation: ** -6° C 2 jours, ** -12° C 2 semaines, *** -18° C voir la date limite d'utilisation optimale.*
Ingrédients : *poireaux coupés, crème fraîche (20% de matière grasse), gomme de guar E412, maïzena, épices, exhausteur de goût: glutamate monosodique E621, extrait de moutarde, sel*
Valeur nutritive (100 g): *énergie 352 kJ (83kcal) / protides: 3 g / lipides: 4 g / glucides: 9 g.*

Belangrijk voor de ouders

Proficiat met de aankoop van deze Flip Track Railroad set. Deze Flip Track Railroad set is 3 dubbele pret : een trein, een auto en een vliegtuig verplaatsen zich met het grootste gemak. De ene kant van de rails is spoorweg, de andere autoweg. Wij adviseren de ouders de eerste paar keer te helpen bij de assemblage. Het artikel werkt het beste op een vlak, hard oppervlak.

NL **ROOMPREI IN PORTIES**

De inhoud van het doosje met wat water op een zacht vuurtje in een gesloten kom opwarmen. Regelmatig omroeren.
Zonder ontdooien de inhoud in een microgolfovenkom brengen en opwarmen gedurende 9 min. bij 600 Watt. Regelmatig omroeren. Eénmaal ontdooid, niet opnieuw invriezen.
Houdbaarheid: ** -6° C 2 dagen, ** -12° C 2 weken, *** -18° C zie houdbaarheidsdatum.*
Ingrediënten: *prei, verse room, guargom E412, maïszetmeel, kruiden, smaakversterker: natriumglutamaat E621, moutazijnextract, zout*
Voedingswaarde (100 g): *energie 352 kJ (83kcal) / eiwit: 3 g / vet: 4 g / koolhydraten: 9 g.*

A LIRE ET A CONSERVER: *Jouet ne convenant pas aux enfants de moins de 3 ans. Les petites pièces pourraient être avalées ou inhalées.*

LEZEN EN BEWAREN: *Speelgoed niet geschikt voor kinderen onder de 3 jaar. De kleine stukjes kunnen ingeslikt of opgesnoven worden.*

Les déterminants

Ils s'emploient quand on ***pose une question*** à propos du nom qu'ils déterminent.

Exclamatifs

Ils déterminent le nom en **indiquant la situation dans l'espace (ou dans le temps)**.

Articles : DÉFINIS

Ils indiquent que l'on ***connaît*** la personne, l'objet ou l'animal dont il est question.

J'ai acheté **le** four et **l'**évier pour mettre dans **la** cuisine.
Je jette **les** fleurs dans **la** poubelle.

Elle n'a **aucun** neveu.
Il éprouva **beaucoup de** plaisir.
Il mange **tout** le gâteau.

Possessifs

Quel est cet oiseau ?
Quels livres avez-vous choisis ?
Quelle heure est-il ?

Quelle belle ville !
Quelles bêtises elle a faites !

J'achète **douze** œufs.
J'ai **vingt-quatre** cousins.
Blanche-Neige et les **sept** nains.

Ils sont ***invariables*** **sauf vingt et cent** qui prennent un « s » quand ils sont multipliés et terminent le nombre.

Ils s'emploient avec des noms ***non dénombrables*** (qu'on ne peut compter !)

J'achète **un** parachute.
On a trouvé **des** cartes.
Il y a **une** araignée dans le grenier.

PARTITIFS

Ils indiquent que l'on n'a **pas d'informations précises** sur ce dont on parle.

Démonstratifs

Indéfinis

Ils sont **simples** ou **composés** et indiquent une quantité non chiffrée.

INDÉFINIS

Le voleur a emporté **tes** CD.
Ma maman est caissière.
Il met **ses** chaussettes à l'envers.

Donnez-moi **ce** livre.
Les moissons sont belles **cet** été.
Ces enfants sont en 3e **cette** année.

Ils indiquent ***à qui*** appartient l'animal, l'objet ou la personne dont on parle.

Interrogatifs

Ils s'emploient pour **exprimer un sentiment** vif.

Il a **du** sable dans les chaussures.
Il faut **de l'**huile et **de la** farine.

Numéraux

Les déterminants : synthèse

Les déterminants	Articles : DÉFINIS	Ils indiquent que l'on ***connaît*** la personne, l'objet ou l'animal dont il est question.	J'ai acheté **le** four et **l'**évier pour mettre dans **la** cuisine. Je jette **les** fleurs dans **la** poubelle.
	INDÉFINIS	Ils indiquent que l'on n'a ***pas d'informations précises*** sur ce dont on parle.	J'achète **un** parachute. On a trouvé **des** cartes. Il y a **une** araignée dans le grenier.
	PARTITIFS	Ils s'emploient avec des noms ***non dénombrables*** (qu'on ne peut pas compter !)	Il a **du** sable dans les chaussures. Il faut **de l'**huile et **de la** farine.
	Démonstratifs	Ils déterminent le nom **en indiquant la *situation* dans l'espace ou dans le temps**.	Donnez-moi **ce** livre. Les moissons sont belles **cet** été. **Ces** enfants sont en 3e **cette** année.
	Possessifs	Ils indiquent ***à qui*** appartient l'animal, l'objet ou la personne dont on parle.	Le voleur a emporté **tes** CD. **Ma** maman est caissière. Il met **ses** chaussettes à l'envers.
	Numéraux	Ils sont ***invariables*** **sauf vingt et cent** qui prennent un « s » quand ils sont multipliés et terminent le nombre.	J'achète **douze** œufs. J'ai **vingt-quatre** cousins. Blanche-Neige et les **sept** nains.
	Indéfinis	Ils sont **simples** ou **composés** et indiquent une ***quantité non chiffrée***.	Elle n'a **aucun** neveu. Il éprouva **beaucoup de** plaisir. Il mange **tout** le gâteau.
	Interrogatifs	Ils s'emploient quand on ***pose une question*** à propos du nom qu'ils déterminent.	**Quelle** heure est-il ? **Quels** livres avez-vous choisis ? **Quel** est cet oiseau ?
	Exclamatifs	Ils s'emploient pour ***exprimer un sentiment*** vif.	**Quelle** belle ville ! **Quelles** bêtises elle a faites !

Solutions des situations-problèmes proposées pages 19 et 23

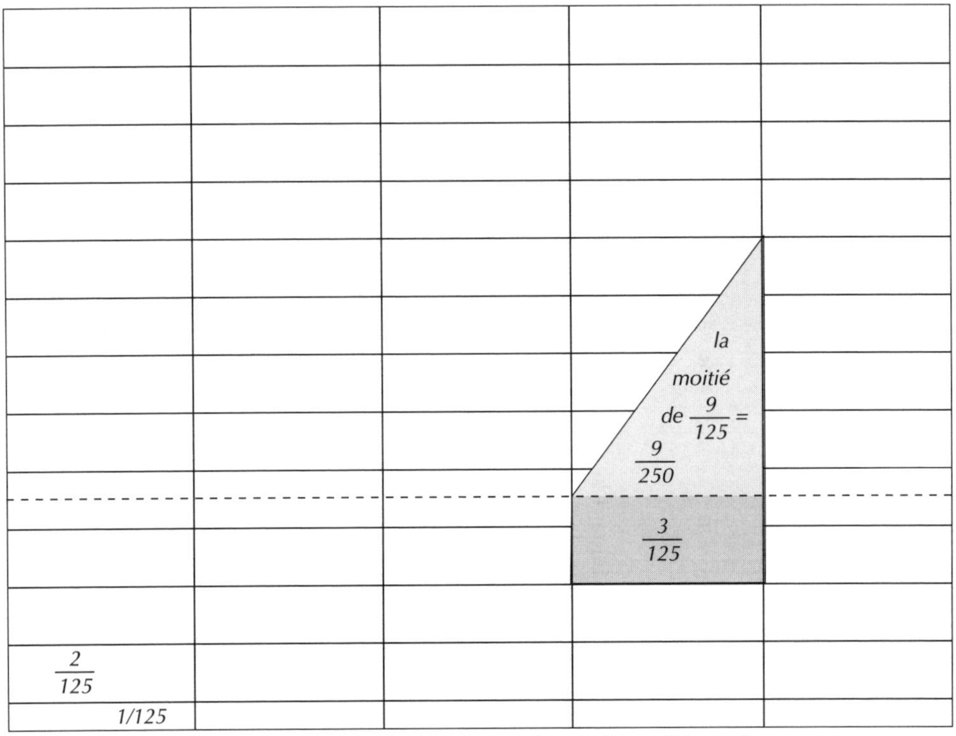

$$\frac{9}{250} + \frac{3}{125} = \frac{9}{250} + \frac{6}{250} = \frac{15}{250} = \frac{3}{50}$$

Per Gelosia

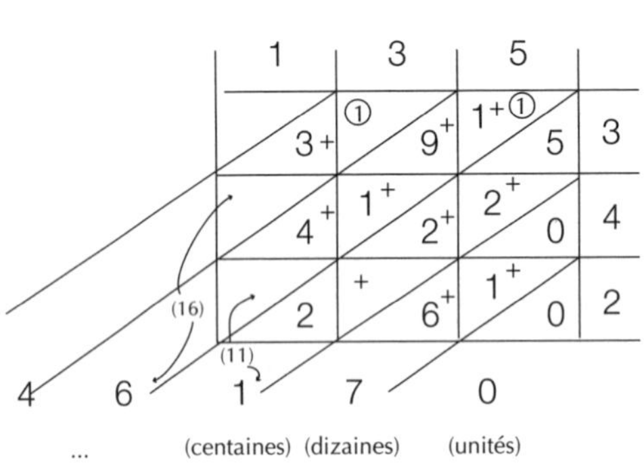

Additionner en « oblique »

Baguettes chinoises

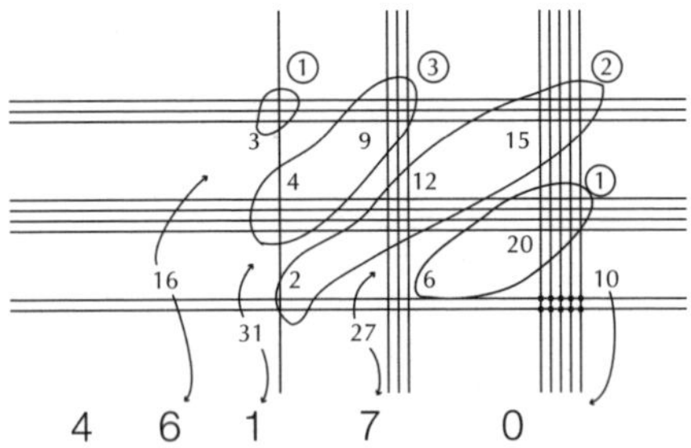

Additionner les points de croisements

Chapitre 2

L'APPRENTISSAGE PAR PROBLÈMES

1 DE QUOI S'AGIT-IL ?

L'apprentissage par problèmes consiste en la résolution de problèmes complexes, réels ou réalistes, qui demandent la prise d'informations variées auprès de sources diverses ainsi que leur traitement. Il vise à développer des compétences de résolution de problèmes et à provoquer des apprentissages bien identifiés en termes de contenus, par l'alternance de travail individuel, d'équipe et collectif.

Dans ce cadre, problème complexe signifie qu'il s'agit d'un problème dont la résolution implique la prise en compte de plusieurs points de vue ou de différents aspects, comme les aspects économique, technique ou technologique, social, environnemental, éthique, ... C'est dans le cadre de la vie quotidienne, pour les jeunes apprenants, ou de la vie professionnelle, pour les étudiants de la fin du secondaire et de l'enseignement supérieur, que se trouvent la majorité de tels problèmes puisque vie quotidienne et vie professionnelle constituent les réservoirs des pratiques sociales de référence des apprentissages scolaires.

Le problème retenu pourra être proposé aux apprenants soit sous forme de question à résoudre soit sous forme de phénomène à expliquer.

Les informations nécessaires à la résolution seront, selon le cas, à chercher dans des documents, sur internet, auprès d'experts ou à trouver par observations ou par mesures, puis à sélectionner en fonction de leur pertinence et validité.

Parfois, diverses solutions possibles sont acceptables, ce qui amène les apprenants à devoir justifier le fait d'avoir retenu telle solution plutôt que telle autre.

Les problèmes utilisables dans le cadre de cette pratique peuvent être classés en fonction de différents critères :

- selon le domaine dont ils sont issus : vie quotidienne et actualité ou vie professionnelle ;
- selon les disciplines concernées : mathématiques, droit, physique, médecine, économie... ;
- selon la tâche demandée : produire une réalisation ou poser un diagnostic (prendre une décision, réaliser un choix) ou trouver la solution ; dans ce dernier cas, il y a deux possibilités : le problème accepte une solution ou plusieurs ;
- selon le temps de travail nécessaire : de une ou deux heures à plusieurs semaines ;
- selon le mode de recherche des informations utiles : lectures, interviews, observations, mesures, internet, etc. ; un même problème pouvant réclamer la recherche d'informations selon des modes variés ;
- selon les aides fournies : les références des ressources utiles sont données ou non.

À la lecture de ces critères, il apparaît que l'apprentissage par problèmes (APP) présente un certain nombre de points communs, mais aussi un certain nombre de différences avec cette autre pratique proche que constitue l'étude de cas.

Points communs entre APP et étude de cas

– une situation complexe à résoudre, liée à la vie quotidienne ou professionnelle – la solution suppose généralement une approche pluridisciplinaire – le plus souvent, des choix sont à effectuer, des options sont à prendre – APP et étude de cas impliquent la mise en œuvre de compétences (utiliser à bon escient savoirs et savoir-faire)

Différences entre APP et étude de cas

APP	Étude de cas
– sert à installer de nouveaux apprentissages	– repose généralement sur des apprentissages antérieurs
– doit déboucher sur une solution	– ne débouche pas nécessairement sur une solution concrète
– vise à la fois l'acquisition de connaissances et le développement de savoir-faire	– vise essentiellement à dégager des démarches, des façons d'agir
– repose sur la recherche et le traitement d'informations, en alternant travail individuel et travail de groupe	– le plus souvent, repose essentiellement sur la discussion de groupe
– qualité attendue du problème : richesse des apprentissages qu'il permet et des compétences qu'il développe	– qualité attendue du cas : exemplarité d'une catégorie de situations pouvant être rencontrées dans la réalité
– relatif à la vie quotidienne ou professionnelle	– essentiellement en relation avec la vie professionnelle

Les problèmes proposés dans le cadre de l'APP ne peuvent donc pas être confondus avec le « travail » souvent demandé aux étudiants dans l'enseignement secondaire ou supérieur et qui consiste selon le cas en :

- l'application, à un ou quelques cas précis, des principes et procédés enseignés précédemment par l'enseignant ;
- la rédaction d'un texte de synthèse relatif à un sujet, fixé par l'enseignant ou choisi par l'étudiant et à présenter aux autres étudiants.

Dans le premier cas, il s'agit d'appliquer ce qui a été enseigné en théorie par l'enseignant et non pas ce qui a été cherché et trouvé par les apprenants. Dans le deuxième cas, il s'agit de synthétiser des informations pour les présenter, oralement ou par écrit, aux autres élèves et/ou à l'enseignant. Il pourrait s'agir alors d'un enseignement transmissif où le livre et les autres étudiants remplacent l'enseignant dans le rôle de transmetteur.

En résumé, il y a donc APP quand, face à un problème posé,
- les acquis préalables des apprenants étant nécessaires mais insuffisants pour le résoudre,
- les apprenants doivent identifier et acquérir de nouvelles connaissances et démarches,
- puis les valider par la confrontation en petits groupes,
- pour ensuite les utiliser dans la résolution du problème posé,
- avant de généraliser l'application des connaissances et démarches acquises à d'autres problèmes semblables.

2 EXEMPLES

a) *Pour des futurs enseignants (en formation initiale) ou pour des enseignants (en formation continue) : « Quelle grille horaire hebdomadaire proposeriez-vous pour tels élèves, de tel cycle ou de telle année ? ».*
   Pour résoudre ce problème, il y a lieu de s'informer au moins :
   - du cadre légal qui régit ce niveau d'enseignement ;
   - des indications pédagogiques : les programmes en vigueur, les options pédagogiques du système institutionnel concerné, ... ;
   - de données relatives aux rythmes de vie : veille et sommeil, concentration, alimentation, ... des élèves concernés.

b) *« À tel carrefour réputé dangereux, est-il préférable d'installer des feux tricolores ou de créer un rond-point ? »*
   La réponse à cette question implique notamment de :
   - vérifier le bien-fondé de la réputation de ce carrefour (y a-t-il déjà eu des accidents à cet endroit ? Nombreux ? Graves ?) ;
   - chercher s'il existe d'autres pistes que les deux proposées pour réduire la dangerosité d'un carrefour : casse-vitesse, chicane, sens unique, ... ;
   - consulter les recherches qui ont été menées pour évaluer l'efficacité des différentes solutions, en fonction du type de carrefour concerné ;
   - calculer le coût « absolu » (financier) et le coût « relatif » (rapport entre coût financier et efficacité, celle-ci incluant la réduction des autres coûts engendrée par la diminution du nombre d'accidents : moins de frais médicaux, moins d'heures de travail peu rentable pour la gendarmerie, ...) ;
   - identifier l'institution responsable de cet aménagement (l'État, la Commune, ...) et ses possibilités d'investissement ;
   - ...

3 POINTS FORTS ET LIMITES DE L'APPRENTISSAGE PAR PROBLÈMES

3.1 Points forts

L'APP favorise l'intégration des matières puisque différentes disciplines sont généralement abordées conjointement pour résoudre le problème posé.

De la même façon, les savoirs nouvellement acquis sont intégrés aux savoirs antérieurs puisque c'est sur base de ces derniers que les apprentissages nouveaux ont été construits.

Le transfert des acquis est favorisé puisque ils ont été construits dans un contexte proche de ceux dans lesquels ils devront plus tard être à nouveau utilisés. Ceci montre la proximité entre l'APP et le développement de compétences, ces dernières pouvant être définies comme l'utilisation pertinente de savoirs, savoir-faire et attitudes développés précédemment en situation.

Par la démarche qu'il implique, l'APP favorise également, au niveau cognitif, le développement de :

- l'aptitude à résoudre des problèmes et des habiletés associées ;
- la faculté de conceptualiser ;
- l'utilisation des sources d'information (bibliothèques, réseaux informatiques, ...) ;
- la recherche et le traitement de l'information ;
- la capacité de décider, choisir, agir ;
- la métacognition, grâce au bilan des acquis clôturant chaque résolution de problème.

La liste de ces avantages associés à l'APP montre à quel point celui-ci optimalise des éléments généralement reconnus comme les conditions d'un apprentissage efficace et durable.

Au niveau relationnel, l'APP favorise :

- le travail d'équipe, la collaboration et l'habitude d'exercer les rôles que cela suppose : animateur, secrétaire, gardien du temps, ... ;
- l'accueil du point de vue des autres et la solidarité ;
- l'aptitude à communiquer des informations, à donner et défendre son avis.

Au niveau personnel, l'APP peut également contribuer à :

- renforcer l'autonomie et la confiance en soi ;
- développer le goût de la recherche.

L'objectif de l'APP est donc triple ; il vise :

- l'acquisition de connaissances, de savoirs ;
- la construction de savoir-faire ;
- le développement d'attitudes et de comportements, de savoir-être et savoir-devenir.

Les buts visés au niveau des savoir-faire et au niveau des savoir-être et savoir-devenir se réfèrent à des compétences disciplinaires, mais également à des compétences transversales qui sont de trois ordres : les compétences instrumentales, relationnelles et de prise de conscience de son fonctionnement mental[1].

3.2 Limites et dérives à éviter

La première difficulté pour l'enseignant consiste à mettre entre parenthèses son rôle de transmetteur pour prendre celui de facilitateur et d'observateur. S'il doit soutenir les élèves, les encourager, il ne doit pas leur fournir la solution ni les orienter de façon trop directive.

Une autre exigence accrue pour l'enseignant est de bien cerner les éléments essentiels des matières concernées afin de pouvoir identifier précisément ce que les élèves vont apprendre par la résolution de tel problème. Dans le cas contraire, le risque encouru est de proposer un problème aux élèves, de les amener à le résoudre mais d'être incapable d'énoncer ce que les élèves ont acquis par ce travail. Dans ce cas, quelle pourrait être la validité d'une évaluation proposée suite à cette résolution de problème ?

La conception et la rédaction des problèmes à soumettre aux apprenants peuvent aussi constituer une réelle difficulté. Et un problème résolu dans le cadre scolaire ne présente presque jamais toute la complexité d'une situation réelle. Mais ceci ne constitue pas nécessairement une faille dans le cadre d'une situation d'apprentissage.

Ces deux derniers éléments montrent aussi que l'APP implique pour l'enseignant un travail de préparation supplémentaire non négligeable.

Au niveau des élèves, l'APP peut susciter des difficultés dans la mesure où il repose sur un travail d'équipe. Or, l'aptitude à travailler en équipe doit se construire progressivement. Il ne suffit pas de mettre des apprenants ensemble pour que naisse un réel travail d'équipe[2].

Par ailleurs, l'APP, comme toute pratique de pédagogie active, demande davantage de travail, d'implication et de participation de la part des

1. Les compétences disciplinaires constituent les compétences à acquérir dans une discipline scolaire donnée.
   Les compétences transversales sont des compétences communes aux différentes disciplines. Parmi ces compétences, on peut distinguer :
   – des compétences relationnelles : « compétences socio-affectives qui participent au développement de l'identité et de la personnalité de l'enfant, développement qui sera rendu possible grâce au tissu de relations que l'enfant va développer » ;
   – les compétences instrumentales : « compétences qui concernent le développement de processus fondamentaux de la pensée » ;
   – les compétences métacognitives : « compétences qui visent à amener les enfants à se regarder apprendre, à s'interroger sur leur manière d'apprendre. En effet, on apprend mieux en prenant conscience de ce que l'on apprend, du comment on apprend et du pourquoi on apprend. » (FEDEFOC, *Programme intégré adapté aux socles de compétences*, Enseignement fondamental, Bruxelles, 2001).
2. Voir chapitre 4 : Le travail de groupe.

apprenants. Or ceux-ci préfèrent parfois être récepteurs plutôt qu'acteurs, le premier statut leur permettant davantage de zapper, de décrocher, de se reposer, d'être physiquement présents mais mentalement si loin !

Enfin, le matériel et les ressources nécessaires ont un coût réel à prévoir et à obtenir au niveau de l'institution concernée.

4 COMMENT FAIRE ?

a) **Préparation** : avant d'entamer le travail avec les élèves, l'enseignant aura procédé aux étapes suivantes :
   - rédaction d'un problème ; parfois, la rédaction pourra être remplacée par le choix ou l'adaptation d'un problème existant ; ce travail est réalisé en fonction des élèves concernés et des apprentissages visés ;
   - constitution des équipes de travail : de trois à quatre élèves par équipe dans l'enseignement primaire et jusqu'à dix dans l'enseignement supérieur ;
   - décision de superviser seul le travail des équipes ou de se faire assister par des moniteurs ; ainsi, dans l'enseignement supérieur, les étudiants de dernière année peuvent jouer le rôle de moniteurs pour des étudiants de première année.

b) **Présentation** du problème aux élèves. Celle-ci peut être effectuée oralement par l'enseignant ou par une version écrite du problème que les apprenants vont découvrir par la lecture.

c) **Analyse** du problème par les élèves, seuls puis en équipe. Lors de cette phase, le travail des apprenants consiste à se poser un certain nombre de questions pour expliciter le problème reçu : « Quels sont les points de vue à prendre en compte ? Quelles sont les questions à se poser, les sous-problèmes à résoudre ? De quelles informations utiles disposons-nous déjà ? Que savons-nous qui pourrait nous servir ? Quelles sont les hypothèses à vérifier ? Quelles informations sont à chercher ? Quelles ressources exploiter ? Qui interroger ? etc. ».

d) **Planification** du travail par les équipes d'apprenants : qui fait quoi pour quand ? Répartition des ressources à consulter, des lectures à effectuer ; précision de la façon dont chacun devra communiquer le résultat de ses recherches.

e) **Recherche** et traitement des informations par un travail individuel, chacun devant être attentif aux questions suivantes : quelles informations reprendre telles qu'elles sont formulées ? Lesquelles résumer ? Y a-t-il des contradictions ou des incohérences entre les diverses informations trouvées ?

f) En équipe, **mise en commun** des informations trouvées, analyse critique, hiérarchisation, synthèse, vérification de la compréhension par chacun des apports de tous, recherche d'informations complémentaires si nécessaire.
Ensuite, les divers acquis sont utilisés pour résoudre le problème posé. Si plusieurs solutions sont possibles, il s'agira également de justifier la solution retenue.

Remarque : ces deux dernières étapes peuvent se dérouler en boucle, par une alternance de travaux individuels et de groupe ; cette boucle peut également être enrichie d'apports structurants de l'enseignant. Cette alternance de travaux individuels et d'équipe devra parfois se dérouler partiellement hors du temps de cours, dans l'enseignement supérieur du moins.

g) Travail de **synthèse** en grand groupe :
- présentation et comparaison des solutions trouvées ou retenues, avec recherche de consensus s'il y a lieu ;
- formalisation, structuration des acquis à retenir pour établir le bilan des apprentissages réalisés (métacognition) ;
- recherche de situations où ces acquis pourraient être transférés, utilisés ;
- évaluation de la démarche suivie, de la façon dont le travail a été réalisé, de la façon dont chaque équipe a fonctionné.

h) **Évaluation** des nouveaux acquis en proposant aux apprenants un problème nouveau impliquant le transfert des acquis, leur utilisation dans un autre contexte.

Chapitre 3

LES ATELIERS D'APPRENTISSAGE

1 DE QUOI S'AGIT-IL ?

L'atelier dont il est question est une activité regroupant des apprenants de même âge ou d'âges différents. L'activité est, le plus souvent, de nature essentiellement disciplinaire et participe au développement de compétences bien précises, par le biais de l'apprentissage en petits groupes. À chaque atelier, les élèves ont une tâche à réaliser en commun.

Pratiquement, la classe est divisée en petits groupes et chaque groupe doit passer par les différents ateliers ; en d'autres termes, les différents groupes effectuent, par rotation, les diverses activités proposées. Nous pouvons, dès lors, parler d'« ateliers tournants ».

Cette pratique peut avoir sa place aux différents moments d'un apprentissage et le contenu des différents ateliers peut varier et être choisi en fonction de plusieurs critères :

- un concept (exemples : les ateliers porteront tous sur les grandeurs proportionnelles ou encore sur le concept de révolution en histoire) ;
- une compétence disciplinaire ou transversale (exemples : l'enseignant peut proposer des ateliers sur « savoir mesurer » ou « savoir lire et comprendre un énoncé, une consigne ») ;
- une technique (exemple : les activités portent sur l'apprentissage relatif à la construction de tel type de graphiques).

Les ateliers d'apprentissage, tels que nous les concevons, se distinguent d'autres pratiques.

- Les ateliers d'apprentissage ne sont pas des ateliers de libre choix, lesquels aboutissent à des réalisations individuelles ou collectives (peinture, cuisine mais aussi lecture, danse, ...) et correspondent davantage au souci de permettre à l'élève de choisir certaines de ses activités. Ces ateliers de libre choix ont leur raison d'être chez les jeunes enfants pour les mettre en confiance à l'école et pour développer la socialisation, mais aussi chez les plus grands dans l'optique d'une pédagogie participative. Cependant, dans les ateliers d'apprentissage, c'est l'enseignant qui organise l'apprentissage : il conçoit les activités proposées à tous les élèves afin qu'ils puissent mener à bien l'apprentissage visé. De plus, si les ateliers libres consistent parfois en une somme de travaux individuels (chaque enfant de l'atelier peinture est devant son chevalet, par exemple), les ateliers d'apprentissage nécessitent un véritable travail d'équipe.
- Les ateliers d'apprentissage dont nous parlons ne coïncident pas avec ce que A. Giordan (1999) appelle « formule atelier » : « Sur un après-midi par semaine, les élèves investissent totalement un projet. Dans ce cadre, ils ont la possibilité de mener à bien des activités longues, de les mettre en commun et d'en dégager des comptes-rendus. »[1]. Dans les ateliers

1. Giordan A., *Une didactique des sciences expérimentales*, Éd. Belin, Paris, 1999, p. 207.

que nous présentons, les apprenants effectuent, par rotation, les diverses activités conçues par l'enseignant qui sont généralement de courte durée.

Les ateliers d'apprentissage relèvent de plusieurs courants pédagogiques actuels.

- Les pédagogies actives : c'est l'apprenant qui est actif, qui construit l'objet de l'apprentissage : à travers des démarches de recherche, il manipule, formule des hypothèses et les teste, exprime ses constatations.
- Les pédagogies de groupe : l'atelier d'apprentissage permet à l'apprenant d'exploiter cette ressource que sont les autres apprenants. Il nécessite la coopération, les échanges et les confrontations entre les apprenants qui interagissent. Le conflit socio-cognitif, suscité par ces moments de confrontation, joue un rôle moteur dans l'apprentissage. Certaines pratiques des ateliers d'apprentissage se situent dans le champ de ce qu'on appelle aujourd'hui le constructivisme interactif (ou socio-constructivisme). En mettant l'accent sur la coopération, la pratique des ateliers d'apprentissage rejoint l'apprentissage coopératif ou l'apprentissage mutuel.
- La pédagogie différenciée : c'est un même objet d'apprentissage (un même concept, une même compétence, une même technique) qui est rencontré plusieurs fois, en peu de temps, dans divers contextes. Les modalités de l'apprentissage peuvent varier d'un atelier à l'autre de même que les méthodes de recherche à mettre en œuvre.
- L'interdisciplinarité peut aussi être vécue puisque les ateliers d'apprentissage peuvent viser le développement de compétences transversales ou encore, ils peuvent être conçus autour d'un objet, d'une technique, d'un concept abordés à travers plusieurs champs disciplinaires.

2 EXEMPLES

a) *Ateliers d'apprentissage proposés dans le cadre de la formation initiale des enseignants, pour les initier à la pratique des ateliers d'apprentissage.*

Quatre ateliers sont organisés :

Atelier 1

Matériel : un tableau synthèse ébauché et des petits cartons reprenant les éléments à placer dans le tableau pour le compléter[2].

Consigne : « Vous disposez d'un tableau ébauché et de petits cartons. À tour de rôle, chacun choisit un carton et le pose, sur le tableau, à l'endroit jugé correct. Quand le tableau est complet et que l'équipe est unanime quant à la solution, demandez le corrigé. »

2. Le tableau final est proposé p. 53.

Atelier 2

Matériel : divers documents décrivant des pratiques pédagogiques par ateliers d'apprentissage (au moins 2 exemples par apprenant).

Consigne : « Vous disposez de la description d'activités par ateliers. Pendant un temps de travail individuel, chacun d'entre vous prend connaissance de deux documents et, après les avoir lus, note ce que l'enseignant doit prévoir et préparer pour organiser une activité d'enseignement par ateliers. Ensuite, ensemble, après avoir mis en commun les éléments notés, vous établissez une check-list reprenant tout ce que doit préparer et prévoir un enseignant pour organiser une activité par ateliers. »

Atelier 3

Matériel : des bandelettes reprenant les phrases d'un texte d'une page relatif aux ateliers.

Consigne : « Vous disposez de bandelettes vous permettant de reconstituer un texte. Prenez d'abord les deux bandelettes les plus larges (= le début et la fin du texte). Ensuite, à tour de rôle, chacun choisit une bandelette et essaie de la placer dans le texte. Quand le groupe est d'accord avec le texte fini, demandez le corrigé. »

Atelier 4

Pas de matériel.

Consigne : « Pendant 3 minutes, notez, individuellement, des domaines (disciplines) pour lesquels les ateliers sont possibles. Ensuite, mettez en commun vos idées et tirez-en une conclusion ou un constat. Enfin, pour un sujet de leçon au choix (mettez-vous d'accord et acceptez de travailler sur un sujet qui ne relève peut-être pas d'une de vos disciplines d'enseignement !), proposez 4 ateliers. Pour chacun de ces ateliers, rédigez la consigne de travail, listez le matériel nécessaire et prévoyez la « trace » que garderont les élèves de l'activité. »

Un « atelier volant » permanent est prévu : « Recherchez les avantages (arguments pour) et les inconvénients ou les limites de la pratique des ateliers, dans vos classes. Après avoir listé ces avantages et inconvénients, cherchez des stratégies possibles pour dépasser certains des inconvénients relevés. »

Ateliers d'exploitation d'un album lu auparavant et proposés à des enfants des premier et deuxième cycles[3] *(enfants de 3 à 8 ans).*

- Plusieurs phrases sont données sur des bandelettes individuelles : retrouver pour chaque phrase la page d'où elle est extraite. La même tâche peut être demandée avec des extraits des illustrations.
- Différents extraits de texte réécrits sont donnés (des extraits de l'histoire qui disent la même chose, mais autrement) : il faut associer les illustrations qui conviennent.
- Apparier des citations extraites de l'histoire et les personnages (= rendre à chaque personnage ses paroles), ou des humeurs et les personnages, ou...
- Remettre les étapes (dessins et/ou textes) sur une ligne du temps, en ordre chronologique.
- Associer les dessins d'objets avec les personnages de l'histoire (selon celui à qui appartient l'objet).
- Inventer une suite à l'histoire, sur base de la dernière page (éventuellement en suivant une consigne donnée : une suite triste, heureuse, comique, ...).
- Les illustrations sont données avec des phylactères vides : les enfants doivent y noter des paroles adaptées (transformer l'album en BD).
- Inventer d'autres phrases, d'autres situations semblables à celles de l'album (en cas de phrases ou de situations répétitives, ce qui est fréquent dans les albums pour enfants).
- Inventer un nouveau titre et une nouvelle couverture sur base de modifications apportées à l'histoire d'origine.
- Les enfants disposent d'un plan reprenant les différents lieux de l'histoire et de cartons présentant les personnages ainsi que d'autres cartons présentant des actions ; ils doivent replacer les bons personnages et leurs actions sur les endroits corrects.
- ...

c) *Ateliers portant sur le calcul du volume du parallélépipède rectangle.*
Atelier 1 : par deux, les enfants disposent de 48 blocs légo® identiques pour construire un maximum de « boîtes rectangulaires » différentes : ils doivent dessiner chaque « boîte » construite et noter ses « dimensions » (en nombres de blocs).

3. Ateliers conçus par des étudiants, futurs instituteurs.

Atelier 2 : sur la table sont disposés 3 ou 4 parallélépipèdes rectangles entamés (construits avec des blocs légo®, des boîtes d'allumettes, des cubes, ...). Le groupe doit compléter un « bon de commande » pour aller, en une fois, demander à l'enseignant le nombre exact de blocs (ou boîtes ou...) nécessaires pour terminer les parallélépipèdes entamés. Après vérification de l'exactitude de sa commande, le groupe note comment il s'y est pris pour savoir combien d'éléments il fallait demander.

Atelier 3 : 3 ou 4 parallélépipèdes rectangles constitués de boîtes d'allumettes et recouverts de papier d'emballage sont à la disposition des enfants. En ne disposant que de 4 ou 5 boîtes d'allumettes, le groupe doit trouver de combien de boîtes d'allumettes est constitué chaque « paquet » et rédiger la démarche suivie pour répondre à cette question.

Remarque : le nombre d'ateliers étant limité à trois dans cet exemple, le problème du trop grand nombre possible d'élèves par atelier sera résolu en organisant deux circuits parallèles de ces ateliers.

d) *Ateliers pour développer les compétences lexicales des élèves (à resituer bien entendu dans une séquence d'enseignement/apprentissage plus large !)*[4].

Atelier 1 : représenter des mots par un dessin. Chaque élève du groupe reçoit une liste de mots à dessiner afin de les faire découvrir par les autres membres du groupe.

Atelier 2 : chacun des membres du groupe tire un mot au sort et doit présenter aux autres les évocations sensitives que lui inspire le mot. Les autres doivent découvrir le mot caché derrière ces évocations.

Atelier 3 : le groupe dispose de différents cartons qui reprennent des préfixes, des infixes et des suffixes ainsi que d'une liste de mots. Il s'agit de créer le plus de mots possible (même imaginaires) et d'en inventer une définition en tenant compte du sens de l'affixe et du mot de base.

Atelier 4 : le jeu « Pyramide » : chacun a à sa disposition une série de mots sur une bandelette et doit essayer de faire découvrir chacun de ces mots par ses coéquipiers sans le nommer.

---

4. Ateliers mis en œuvre par une étudiante, future enseignante.

3 POINTS FORTS ET LIMITES DES ATELIERS D'APPRENTISSAGE

3.1 Points forts

Cette pratique peut être utilisée dans tous les domaines d'apprentissage et à tous les niveaux d'enseignement (de l'enseignement maternel à l'enseignement supérieur).

Elle favorise le développement de certaines compétences transversales :
- la coopération, la négociation et la socialisation ;
- l'autonomie, l'auto-discipline, les initiatives, la responsabilité ;
- la compréhension et le respect des consignes.

Elle développe aussi l'esprit d'équipe et les relations entre les apprenants.

Elle motive souvent les élèves vu les changements d'ateliers (les élèves n'ont pas le temps de se lasser), les activités variées et l'organisation autre de l'apprentissage (aspect de nouveauté).

Elle favorise une pédagogie active, centrée sur l'apprenant : les apprenants peuvent davantage s'exprimer, manipuler, ... avec du matériel varié.

Elle propose une diversification des approches lors d'un apprentissage : un même savoir ou savoir-faire est rencontré plusieurs fois, dans des contextes différents ; divers modes d'apprentissage sont souvent requis.

Cette pratique est intéressante dans certaines conditions : quand il faut utiliser un matériel de manipulation disponible en quantité limitée, ou encore quand l'enseignant travaille avec des élèves qui ne peuvent rester concentrés que peu de temps sur une même tâche.

L'enseignant peut observer effectivement les élèves au travail ; une fois les ateliers commencés, sa participation active n'est normalement plus nécessaire et il peut donc se consacrer à certains élèves ou à l'atelier demandant le plus sa présence (Ph. Gueuning, 1995).

3.2 Limites et dérives à éviter

Les ateliers d'apprentissage constituent une pratique parmi d'autres et, dès lors, ils doivent être choisis en fonction de l'apprentissage à mener, du public concerné et des conditions particulières.

Leur intérêt réside aussi dans la nouveauté qu'ils apportent au fonctionnement habituel de la classe. Les multiplier nuirait à cette qualité.

Le temps de préparation requis est assez important et peut constituer un frein pour certains enseignants ; cependant, le dispositif construit peut être proposé à d'autres groupes d'élèves (avec d'éventuels aménagements).
Enfin, si les conditions d'espace (il faut pouvoir organiser l'espace en « postes de travail ») et de temps (souvent les ateliers doivent s'étendre sur deux

heures de cours, pas nécessairement consécutives à l'horaire) constituent une contrainte, des enseignants, avec un peu d'ingéniosité, ont pu les dépasser.

4 COMMENT FAIRE ?

a) La pratique des ateliers d'apprentissage, malgré son apparente simplicité, suppose une réflexion méthodologique soutenue et un travail de préparation important. Une réflexion préalable quant au dispositif s'avère indispensable. La coopération entre les membres d'un même groupe n'est pas garantie par le seul fait de les mettre ensemble autour d'une tâche commune. La fascination pour la tâche – d'autant plus que certains peuvent vivre la situation comme une compétition entre les différents groupes – peut occulter et limiter l'apprentissage. Après l'activité, un temps de réflexion, avec les élèves, sur les actions menées et les modalités de fonctionnement s'avère essentiel tant pour les élèves que pour l'enseignant. De plus, pendant le déroulement des ateliers, l'enseignant restera attentif pour éventuellement intervenir et réorienter l'action.

b) L'enseignant doit proposer plusieurs ateliers orientés vers un même but d'apprentissage.
   - Aucun atelier ne peut être prérequis pour un autre : le circuit doit pouvoir commencer à n'importe quel atelier.
   - Les activités doivent être de durée équivalente, ce qui peut poser problème d'autant plus que le rythme de travail peut varier selon les groupes. Pour résoudre cette difficulté, l'enseignant peut donner, à tous les groupes, une question à traiter pendant les moments « creux » ; cette question constituera l'atelier volant permanent (par exemple, s'il y a quatre groupes d'élèves dans la classe, on prévoit quatre ateliers plus la question commune).
   - L'enseignant doit alterner les activités (les activités demandant plus de réflexion ou de manipulation, par exemple).
   - Les activités seront assez brèves pour imposer un certain rythme à l'apprentissage et pour pouvoir mener l'apprentissage sur une ou plus souvent sur deux heures de cours. Il faut cependant trouver un accord entre la durée de chaque atelier et la réalisation d'un travail de qualité.
   - L'enseignant doit réfléchir au nombre d'ateliers à proposer car il doit pouvoir gérer un certain nombre d'ateliers et un certain nombre d'élèves par atelier. Éventuellement, les ateliers peuvent être dédoublés quand le nombre d'élèves est plus important (deux circuits en parallèle des mêmes ateliers).

c) Le matériel nécessaire doit être disponible pour chaque atelier afin que les différents groupes puissent mener à bien les activités proposées.

L'enseignant doit aussi avoir réfléchi à l'organisation des traces de l'apprentissage. Souvent, chaque élève disposera d'un document (une feuille de route) à compléter progressivement ; ce document est un référent pour l'élève qui l'aide à structurer son apprentissage et pour l'enseignant qui peut aussi suivre l'élève dans son cheminement.

d) Les consignes disponibles à chaque atelier seront très précises et présentées en fonction du public concerné et de l'activité (elles peuvent être écrites ou dessinées sur des fiches, elles peuvent aussi être enregistrées). Les groupes doivent pouvoir travailler de manière autonome. Les consignes de rotation, régissant les déplacements dans l'espace, ne doivent pas être négligées.

e) L'enseignant doit aussi réfléchir à la constitution des groupes, hétérogènes de préférence, et à leur mode de fonctionnement afin que chaque apprenant soit réellement impliqué. Un temps de travail individuel pourra précéder le travail de groupe (si possible avec des supports ou outils individuels). Cette phase permet plus facilement à chaque apprenant d'intervenir effectivement dans le travail commun d'élaboration.

f) L'aménagement de l'espace est aussi à penser pour que chaque atelier puisse fonctionner dans des conditions optimales.

g) L'enseignant doit anticiper son rôle aux différents moments. Parfois, il consacrera plus de temps à un atelier où sa présence est requise ou encore, en fonction d'objectifs qu'il s'est donnés, il orientera son observation sur tel groupe d'élèves ou sur le comportement des élèves à tel atelier.

h) L'atmosphère est parfois bruyante, des conflits peuvent apparaître et la compétition entre les groupes est aussi possible. Pour éviter ces problèmes, il s'agit de préciser aux élèves les compétences ciblées par les ateliers et définir précisément les règles de fonctionnement. L'attribution de rôles aux membres des groupes est aussi une possibilité. Signalons que, si ces problèmes peuvent apparaître lors des premières applications de la méthode, ils disparaissent progressivement par la suite.

i) Comme pour toute démarche d'apprentissage, l'enseignant devrait faire verbaliser, par les élèves, leurs actions (les démarches suivies, les difficultés rencontrées et les moyens adoptés pour y faire face) ainsi que leur demander de formuler ce qu'ils ont appris et d'établir des liens avec des apprentissages antérieurs.

j) Comme pour tout apprentissage, une phase de réinvestissement, le plus souvent individuel, doit permettre à l'élève et à l'enseignant d'évaluer l'apprentissage réalisé.

5 DOCUMENT

Synthèse relative à l'organisation des ateliers d'apprentissage

GESTION DU TEMPS	*ORGANISATION DU GROUPE*	*RÔLES DE L'ENSEIGNANT*	*APPRENTISSAGES COGNITIFS*	*DÉMARCHES MENTALES*
Lancement rapide de l'activité	grand groupe	donner les consignes d'organisation	comprendre et appliquer des consignes orales	se projeter dans le temps en train d'appliquer les consignes pour bien les comprendre
Séquences successives de même durée	petits groupes de 4/5 élèves	– observer le comportement des élèves – répondre à certaines demandes des élèves en orientant leur travail	– comprendre et appliquer des consignes écrites (ou dessinées ou…) – apprentissages variés en fonction du contenu des ateliers – confrontation de points de vue différents (conflit socio-cognitif)	– procéder par essais et erreurs – émettre des hypothèses – chercher des preuves
Mise en commun	grand groupe	– favoriser l'expression de chacun – aider à structurer les divers apports – aider à tirer les conclusions	– verbaliser des actions réalisées – utiliser des moyens d'expression et de représentation adaptés	– comparer – abstraire – structurer
Réinvestissement	individuellement	– observer le comportement des élèves – analyser les difficultés rencontrées	– suivre des consignes – utiliser et transférer des acquis	– se rappeler – relier le nouveau au connu – s'auto-évaluer

Chapitre 4

LE TRAVAIL DE GROUPE

1 DE QUOI S'AGIT-IL ?

Situons clairement notre propos : nous allons traiter des pratiques qui consistent à répartir les élèves de la classe en petits groupes, chacun de ces groupes ayant une ou des tâches à réaliser. Pour ce faire, les membres du groupe doivent interagir et prendre des décisions sur la manière dont ils vont procéder pour effectuer la tâche. C'est donc en réalisant une tâche significative et complexe, en essayant de résoudre un problème ou encore en menant à terme un projet que l'apprenant, en interagissant avec ses pairs, sera amené à développer des compétences. Si les écrits sur le sujet abondent, reconnaissons que apprendre et se former en groupe n'est pas encore un phénomène très présent dans toutes les classes et que les réticences de beaucoup d'enseignants restent vives. Or, les occasions de travailler en groupe sont nombreuses à tous les niveaux de la scolarité, de l'école maternelle à la formation des adultes, et dans tous les domaines de la formation.

2 EXEMPLES

Le choix d'une pratique de groupe suppose une réflexion préalable sur les objectifs poursuivis et sur la place de l'activité dans la séquence de formation.

Le travail de groupe peut trouver sa place aux différents moments de l'apprentissage ainsi qu'en témoignent les diverses applications observées sur le terrain. Certains auteurs[1] affirment d'ailleurs que tout se prête au travail de groupe. Il faut, bien entendu, que la tâche nécessite des interactions entre les différents apprenants vu son niveau de complexité.

Sans prétendre être exhaustifs, nous pouvons citer quelques exemples.

a) *Au début d'une formation, des activités par petits groupes peuvent être proposées aux participants afin d'établir entre eux les premiers contacts*[2]. Deux exemples (parmi d'autres) peuvent illustrer cette pratique :
   - les participants, répartis en groupes de 4 à 10 personnes, disposent de quelques minutes pour trouver entre eux quelques points communs ; cette activité est particulièrement intéressante quand les groupes sont constitués de participants ne se connaissant pas mais devant interagir pendant un certain temps ;
   - des dyades sont constituées et chacun doit se présenter à son partenaire (parler de ses hobbys, de ses motivations à participer à la formation, ...) puis, de retour en grand groupe, chaque participant

1. Métayer O. et Boulais P., 1997.
2. Ces activités ne relèvent pas de l'apprentissage proprement dit mais permettent d'établir des conditions favorables à l'apprentissage.

présente son partenaire ; notons que cet exercice développe l'écoute, un préalable à toute activité de groupe.

b) *Le travail de groupe peut être utilisé comme « entrée » dans l'apprentissage proprement dit.*
Quelques exemples :
- les activités peuvent viser à faire émerger les conceptions des apprenants relatives à l'objet de l'apprentissage : se mettre d'accord sur une définition d'un concept qui sera au centre de l'apprentissage, réaliser ensemble un dessin ou un schéma représentant un phénomène, échanger par rapport à des propos apparemment contradictoires... ; notons déjà que ces moments de confrontation en petits groupes seront fructueux si ils sont précédés d'une phase de recherche, de production individuelle[3] ;
- les activités peuvent demander aux élèves d'explorer une question, un thème au début d'un travail de recherche ou de production ;
- par deux, les élèves lisent et expliquent des consignes écrites reçues avant un travail ou reformulent les consignes données oralement.

c) *Les exemples suivants présentent des tâches pouvant être proposées aux groupes, pour l'apprentissage proprement dit* :
- réaliser une expérience en suivant un protocole puis rédiger un rapport ;
- échanger sur un sujet donné, éventuellement après la présentation d'un document audio-visuel ou iconographique, après la lecture d'un article, afin de produire un document-synthèse ou pour préciser les arguments à développer lors d'un débat qui suivra (une position peut être attribuée au groupe) ;
- mener une recherche ;
- par la confrontation à une situation-problème, découvrir et/ou comprendre un phénomène, un concept, une loi, un système[4] ;
- effectuer une production collective telle qu'une affiche, un document écrit, une saynète, un exposé interactif[5], une maquette, une exposition, mais aussi, dans l'enseignement supérieur, un projet de loi ou un circuit électronique[6] ;
- sur base de productions d'autres apprenants (des rapports de laboratoires, des résumés d'un texte, ...), élaborer une fiche-guide reprenant les opérations à effectuer pour réaliser une tâche (élaborer un rapport de laboratoire, rédiger un résumé d'un texte...) ;

---

3. Cette condition sera précisée quand nous aborderons la question « Comment faire ? »
4. Nous renvoyons le lecteur aux chapitres consacrés aux situations-problèmes et à l'apprentissage par problèmes.
5. Guillaume L., 2001.
6. Nous renvoyons le lecteur au chapitre consacré au projet.

- des dispositifs didactiques orientés vers le développement de compétences disciplinaires tels que les cercles de lecture[7] ;

d) *D'autres activités de groupe sont proposées pour assurer la maîtrise ou renforcer l'apprentissage, voire pour remédier à des difficultés rencontrées par certains* :
- parfois, il s'agira de redire, en petits groupes (souvent limités à deux personnes), une notion qui vient d'être présentée, ce qui permet à l'enseignant d'identifier rapidement les points à éclaircir ;
- après un exposé ou l'étude d'un problème, les apprenants doivent, par petits groupes, construire un schéma logique des principales idées ou notions abordées ;
- des séances d'exercices peuvent se dérouler en petits groupes ;
- les élèves doivent comparer, en petits groupes, leurs réponses à un problème donné et analyser les démarches et les stratégies utilisées ;
- un apprenant présente un travail qu'il a réalisé aux autres membres du groupe qui l'examinent et le commentent (une grille de critères est souvent utile pour cette tâche) ;
- en fonction de difficultés identifiées, l'enseignant constitue des groupes pour permettre aux élèves de dépasser les difficultés rencontrées ou pour approfondir la maîtrise (on parle de « groupes de besoin ») ;
- l'enseignant demande aux apprenants ayant plus de facilités dans un domaine d'aider d'autres apprenants rencontrant des difficultés (c'est la formule du tutorat) ;
- après un examen, l'enseignant forme des petits groupes ; à chaque groupe, il donne une copie du même examen et leur demande de se mettre d'accord sur la réponse qu'il fallait donner à chaque question.

e) À l'époque d'Internet, nous pouvons encore mentionner *les groupes qui se tissent par le biais d'Internet* et qui débordent du groupe-classe puisque, aujourd'hui, toute personne qui a accepté d'être repérée sur le Web par une adresse électronique – c'est le fait de beaucoup d'élèves de nos écoles – peut communiquer avec d'autres élèves de la classe ou de l'école mais aussi avec des élèves d'autres lieux scolaires, parfois très éloignés.

7. Un cercle de lecture, comme le définissent Terwagne S., Vanhulle S. et Lafontaine A., 2001, est un dispositif didactique structuré au sein duquel les élèves, en petits groupes hétérogènes, apprennent à interpréter et à construire ensemble des connaissances à partir de textes littéraires ou d'idées.

3 POINTS FORTS ET LIMITES DU TRAVAIL DE GROUPE

3.1 Points forts

Le travail de groupe n'est pas encore une pratique très présente dans toutes les classes. Il comporte pourtant bien des avantages tant pour le développement de compétences disciplinaires que transversales (instrumentales, relationnelles et métacognitives).

Tout d'abord, nous pouvons mentionner plusieurs valeurs sous-jacentes à ces pratiques, valeurs qui nous semblent fondamentales : la solidarité, la prise en compte de l'autre, l'écoute, la prise de responsabilité et l'autonomie, la recherche et l'esprit critique, la créativité.
Le travail de groupe s'avère être une pratique favorisant le développement de compétences essentielles tant au niveau scolaire qu'au niveau de l'intégration dans le monde social ou professionnel.
Si le dispositif est bien construit, le fait de travailler en groupe permet à l'élève d'être plus actif.
Dans le groupe, l'apprenant rencontre d'autres apprenants de même statut que lui et, ensemble, ils doivent agir en mettant en commun leurs ressources. Les échanges sont plus nombreux et le temps de parole de chaque élève est multiplié. « Apprendre en groupe devient à la fois apprendre dans et apprendre grâce à lui (...) » (P. Meirieu, 1994b, p. 20). La proximité spatiale facilite la communication : on peut plus aisément se faire entendre, on a accès à d'autres informations (les mimiques, les regards...). Un élève plus réservé, peu sûr de lui osera plus facilement s'exprimer et formuler ce qu'il pense dans ce contexte que devant l'ensemble de la classe et le professeur.
Les supports utilisés, les matériaux fournis seront souvent plus nombreux et plus diversifiés que lors d'un apprentissage collectif.
L'expression peut être plus approximative ; une élaboration progressive de la pensée, avec des détours, des remises en question et révélatrice du cheminement personnel est possible. Avec ses pairs, l'élève peut prendre le risque de chercher, de tâtonner et parfois de se tromper. Chacun peut faire part de ses difficultés de compréhension mais aussi de ses découvertes (parfois d'une manière très « spontanée »). De plus, l'élève est amené à formuler ses intuitions, ses découvertes, son raisonnement et les autres lui demanderont souvent de clarifier, de justifier ce qu'il avance. Ainsi, l'apprenant est rendu plus conscient de ses démarches, ce qui devrait faciliter le transfert à d'autres situations et assurer plus de stabilité dans le temps aux apprentissages réalisés.

Des divergences de points de vue entre partenaires apparaissent et ces moments de confrontation sont essentiels pour la construction du savoir. Les interventions des autres membres amènent l'élève à remettre en question ses conceptions, ses certitudes, à les questionner ; bref, à se décentrer. Le conflit socio-cognitif, source de progrès, souligne l'importance du langage et de la communication dans la construction des connaissances. Apprendre au sein d'un groupe multiplie les points de vue, les procédures de résolution de problèmes, les méthodes de travail (« Tout seul, je n'y aurais pas pensé ! » s'exclamera l'élève). Pour les tâches plus complexes, les apports des différents membres du groupe se combinent pour permettre d'arriver ensemble à résoudre le problème, à effectuer la tâche.

Le tutorat (un élève qui a accompli le parcours proposé apporte son aide à un élève moins avancé) nous semble être une formule particulièrement intéressante[8]. En effet, l'élève « tuteur » est souvent encore « novice », il vient de maîtriser l'apprentissage ; ainsi, il est souvent plus à même de décrire comment construire le savoir et il peut plus facilement percevoir ce qui pose problème à son partenaire (ce qui n'est pas toujours le cas de l'enseignant pour qui « tout est évident »). De plus, cet échange libère l'apprenant qui ose prendre le risque de se tromper.

3.2 Limites et dérives à éviter

Le groupe n'est pas une formule « magique » : c'est toujours l'apprenant qui apprend et nul ne peut le faire à sa place, ni le groupe, ni l'enseignant. Parfois, la qualité du « produit » à fabriquer supplante l'apprentissage individuel et nous assistons à une division du travail : chacun reçoit une tâche qu'il maîtrise déjà : P. Meirieu parle de dérive productive. « La division des rôles selon les aptitudes, c'est donc (...) l'utilisation de chacun de telle sorte qu'il améliore le rendement général du groupe ; c'est la création d'un univers social où, à l'échelle de l'école, l'on peut déjà trouver « the right man at the right place » (A. Ferrière, 1972, p. 205 cité dans P. Meirieu, 1994b, p. 66). Le groupe « fasciné » par la tâche peut aussi oublier de s'organiser pour tirer profit des interactions possibles ou encore peut mettre en place des stratégies pour faire l'économie de l'apprentissage.

Le groupe peut aussi être fasciné par le vécu affectif : le plaisir d'être ensemble domine et l'apprentissage passe au second plan. P. Meirieu parle de dérive fusionnelle.

Nous voulons encore insister sur le fait qu'il ne suffit pas de mettre des individus ensemble pour qu'ils travaillent ensemble : réaliser un travail collectif doit s'apprendre. Certains élèves peuvent s'attribuer l'essentiel du travail à effectuer (ce qui convient souvent à d'autres) ou s'investir du rôle de « professeur transmetteur ». D'autres peuvent ne pas s'engager dans la tâche collective (ce sont les élèves qui s'amusent, refusent de participer ou qui se limitent à recopier les résultats des recherches des autres, ...). De plus, des

8. Les parents le savent quand ils demandent à un enfant d'expliquer à un frère ou une sœur plus jeune, parce qu'eux-mêmes ne savent pas comment s'y prendre.

conflits peuvent apparaître dans les groupes et bloquer l'apprentissage. Certains élèves éprouvent parfois des difficultés à interagir avec d'autres (des élèves plus timides, des élèves qui ont une image négative d'eux-mêmes, des élèves non intégrés dans la classe, ...).

4 COMMENT FAIRE ?

a) Avant d'opter pour la pratique du travail de groupe, l'enseignant doit se poser différentes questions.
   - Quel est l'apport du groupe pour l'apprentissage visé ? Quelle est la place de ce travail de groupe dans la séquence d'apprentissage ?
   - Le groupe constitue-t-il une situation pertinente et efficace pour cet apprentissage ? À quelles conditions ? Une autre situation (le travail individuel par exemple) ne serait-elle pas plus indiquée ?
   - Les élèves ont-ils les prérequis cognitifs et sociaux pour s'engager dans le travail de groupe ?[9] En effet, les apprenants doivent maîtriser les capacités et compétences requises pour effectuer, en groupe, l'apprentissage visé. Chacun des membres de l'équipe doit se sentir engagé vis-à-vis de ses co-équipiers et percevoir sa contribution comme étant nécessaire pour réussir la tâche commune. Nous voulons insister, notamment, sur le fait qu'il ne suffit pas de mettre en groupe des élèves pour en faire automatiquement des partenaires. Ainsi, des moments et des activités concrètes devraient trouver leur place dans le cursus de formation pour développer des compétences sociales et relationnelles telles que écouter l'autre, donner ses idées et les argumenter, demander aux autres de préciser leurs idées, analyser et confronter plusieurs idées différentes, réagir positivement à une opinion contraire, mais aussi intégrer un élève rejeté ou isolé, ... Le manque de compétences sociales et relationnelles peut limiter, voire bloquer la communication à l'intérieur du groupe, or la communication est essentielle à l'apprentissage au sein d'un groupe. Ajoutons encore que l'existence d'un conseil d'élèves est particulièrement favorable pour le développement de telles compétences[10].
   - Les conditions matérielles sont-elles réunies ? Le local est-il adapté ?[11] Le questionnement portera aussi sur le matériel nécessaire et le niveau sonore des activités.

   Son choix pour le travail de groupe étant arrêté, l'enseignant va devoir construire le dispositif, tout en sachant qu'il devra peut-être faire face à des imprévus !

9. Plety R., 1998, p. 87.
10. Voir le chapitre 7 consacré au conseil d'élèves.
11. Avec un peu d'imagination il est souvent possible de dépasser les problèmes liés à l'espace : trouver un autre local, déplacer le mobilier – apprendre aux élèves à déplacer le mobilier sans bruit ! –, travailler avec les proches voisins, ...

b) Comment former les groupes est une question que doit envisager l'enseignant lors de la préparation de l'activité. Selon l'objectif d'apprentissage visé, l'activité à réaliser et le groupe d'apprenants, différentes variables peuvent être prises en compte : l'âge, le sexe, l'origine culturelle, l'expérience acquise, le cursus scolaire, le profil d'apprentissage, la maîtrise de la langue, les compétences sociales... des apprenants. Faut-il privilégier les groupes homogènes ou les groupes hétérogènes en ce qui concerne le développement et les connaissances ? Selon R. Pléty (1998), une trop grande asymétrie, c'est-à-dire une trop grande différence en ce qui concerne le développement et les connaissances, est peu favorable mais, une trop grande symétrie n'est pas meilleure (les apprenants ne font que conforter ce qu'ils savent déjà ; la décentration n'est guère provoquée). Dès lors, R. Pléty (1998) préconise l'« hétérogénéité intelligente » car, si les désaccords sont utiles (favorables au conflit socio-cognitif), chacun des participants doit pouvoir s'impliquer (oser exprimer une idée, essayer une solution, ...) et doit pouvoir être écouté. Ici encore, il n'y a pas de réponse définitive, la décision tiendra compte de la tâche, des ressources et des besoins des apprenants ainsi que des compétences visées : ainsi les duos d'entraide seront formés par complémentarité, les groupes homogènes peuvent se justifier pour reprendre certains apprentissages et les groupes hétérogènes pour des apprentissages qui bénéficieront d'un conflit socio-cognitif.

Classiquement, les auteurs[12] envisagent trois grandes démarches possibles pour la constitution des équipes.

- La formation des groupes est laissée au hasard.
  Les principaux avantages[13] sont que les apprenants apprennent à interagir avec tous les autres et qu'aucun élève n'est laissé de côté. Cette formule est souvent retenue pour des activités de courte durée ou quand le formateur ne connaît pas les apprenants. Cependant, si pour l'activité l'hétérogénéité est souhaitable, elle n'est pas garantie. Certains groupes peuvent vivre des difficultés (des antipathies voire des rejets entre certains membres ou présence de plusieurs élèves avec des problèmes de comportements). Ce mode de regroupement est peu indiqué pour les activités plus complexes ou de longue durée. Plusieurs modalités sont possibles :
  - le tirage au sort (utilisation d'un dé, d'un jeu de cartes remises au hasard – les rois vont ensemble, ... –, la reconstitution d'un puzzle dont les pièces sont tirées au sort – chaque groupe est constitué par les participants qui ont les pièces permettant de reconstruire un même puzzle –, ...) ;

12. Nous avons consulté Barlow M., 1993 ; Peretti de A., Legrand J.A. et Boniface J., 1994, Gaudet D. *et al.*, 1998.

13. Pour les avantages et inconvénients mentionnés pour les différentes formules nous nous sommes basés essentiellement sur Gaudet D. *et al.*, 1998.

- la numérotation des participants (de 1 à 4 si on veut faire quatre groupes : les 1 se regroupent, ...) ;
- l'ordre d'arrivée dans le local ;
- le voisinage dans la classe (les deux élèves assis sur un même banc travaillent ensemble ; les élèves de telle rangée forment un même groupe, ...)[14] ;
- des critères divers peuvent servir pour les regroupements (un exemple : les participants à une formation reçoivent, à leur arrivée, une farde de documents – différentes couleurs pour ces fardes sont disponibles – et les groupes sont formés selon la couleur de la farde choisie).

• L'enseignant peut décider seul de la constitution des groupes.
Les principaux avantages sont que l'hétérogénéité des groupes peut être assurée et qu'aucun élève ne sera laissé de côté. De plus, plusieurs variables importantes pour la qualité de l'apprentissage pourront être prises en compte : les objectifs d'apprentissage visés, l'activité proposée, les aptitudes, les besoins et le vécu socio-affectif des apprenants, d'éventuels problèmes de comportement chez certains. Cependant, certains peuvent se sentir frustrés de ne pas travailler avec des partenaires avec lesquels ils ont des affinités, surtout si les groupes sont toujours formés de cette manière. La décision demande à l'enseignant un temps de réflexion et de préparation. Pour présenter la constitution des groupes, l'enseignant peut utiliser l'affichage, la lecture orale de la composition des équipes ou des moyens plus ludiques (comme reconstituer une phrase découpée en petites unités, reconstituer un puzzle dont chacun a un fragment, ...). Ajoutons encore que, dès le début, l'enseignant peut prévoir plusieurs regroupements successifs. Ainsi, chaque élève peut recevoir un carton de couleur avec un chiffre ; le premier regroupement s'effectuera en fonction de la couleur et le second en fonction du chiffre. Une autre technique connue s'appelle « triade des triades » et est particulièrement indiquée quand les apprenants sont nombreux : des groupes de trois personnes sont d'abord formés et doivent se mettre d'accord pour réaliser une tâche (par exemple, définir un concept), puis trois groupes de trois sont réunis et doivent à leur tour trouver un accord...

• L'enseignant peut laisser le libre choix aux élèves en fonction de champs d'intérêts exprimés (par exemple quand une même problématique est étudiée sous différents aspects ou avec des méthodes, des supports différents) ou d'affinités. Le respect des intérêts favorise la participation et le travail avec des partenaires qu'on apprécie

14. Signalons que cette manière de procéder respecte souvent les affinités puisque les personnes ont tendance à se regrouper spontanément par affinités.

motive. Les problèmes socio-affectifs sont souvent atténués, l'engagement et l'autonomie des élèves sont accentués.
Cependant, l'hétérogénéité des groupes n'est pas garantie et des déséquilibres numériques entre les groupes peuvent apparaître. Certains élèves peuvent vivre le rejet et des clans peuvent apparaître dans la classe. Plusieurs élèves avec des problèmes de comportement peuvent se retrouver dans un même groupe. Enfin, les intérêts personnels ou le plaisir d'être ensemble peuvent occulter les objectifs du travail. Différentes modalités existent :

- une liste avec les activités proposées ou avec les questions à traiter est affichée et les élèves s'inscrivent dans le groupe choisi (un descriptif de la tâche aidera les apprenants à faire leur choix) ;
- des élèves proposent une question ou une méthode ou un support... et invitent leurs condisciples à les rejoindre (au professeur de réguler l'offre et la demande !) ;
- des élèves sont nommés responsables d'un groupe et choisissent à tour de rôle un partenaire, puis un autre, ... (mais cette formule engendre souvent des tensions ou des rancœurs entre les élèves).

Beaucoup d'enseignants s'interrogent quant au nombre idéal de participants dans un même groupe. À nouveau, il n'y a pas de réponse unique. Pour nous, la dyade est la première forme (même si ceci est contesté par certains auteurs) et peut se justifier dans certains cas : la formule du tutorat, dans certains locaux (peu adaptés à des groupes plus importants par manque de place, vu un mobilier contraignant), pour des échanges de courte durée. Le nombre de participants dépendra de la tâche à réaliser (ni trop, ni trop peu de membres pour l'accomplir). D'une manière générale former des groupes de trois à cinq participants est une situation très favorable ; au-delà de dix, l'efficacité est compromise.

c) Le passage du grand groupe aux petits groupes est un moment délicat[15]. L'enseignant doit avoir préparé soigneusement les informations et les consignes à donner. L'improvisation est à proscrire car elle est souvent source de flottement, de malaise et de questionnement chez les élèves et dans les groupes. Même si l'enseignant a l'habitude d'utiliser le travail de groupe, une réflexion préalable s'impose, d'autant plus que des imprévus sont toujours possibles (des élèves absents, un local non disponible, moins de temps que prévu, etc.). Apprendre à travailler en groupe, cela s'apprend et c'est vrai pour l'enseignant comme pour les élèves !

L'enseignant doit préciser le sens de l'activité proposée ; l'activité doit être motivante et stimulante pour les individus et les groupes. Il doit aussi préciser la tâche à accomplir ainsi que les compétences exercées par la réalisation de cette tâche.

15. Tozzi M., 1997.

Dans la mesure où c'est l'apprentissage par chacun des apprenants qui est visé, l'enseignant doit s'interroger sur le dispositif qu'il va mettre en place afin d'assurer l'engagement de chacun des participants. M. Barlow citant P. Meirieu (1993, pp. 62-63) énonce trois règles qui doivent régir l'organisation des groupes d'apprentissage :

- instaurer un réseau de communication homogène, dans lequel chaque participant est tenu d'échanger avec tous les autres ;
- distribuer les matériaux de travail, les informations, les données ou éléments nécessaires pour favoriser la participation de chacun (chaque participant doit être sollicité et doit aussi tenir compte de l'apport de tous les autres pour réaliser la tâche commune) ; un temps de travail individuel devrait précéder le travail d'équipe ;
- établir un mode de fonctionnement impliquant chacun dans la tâche commune et permettant ainsi à chacun de mettre en œuvre, progressivement, les capacités visées.

Les consignes seront claires, précises et concrètes ; elles seront présentées sous une forme adaptée aux apprenants. De plus, l'élève doit savoir comment réagir si des problèmes surgissent. Les consignes doivent être comprises par tous les élèves pour que l'enseignant ne doive pas les reprendre par la suite et, dans ce cas, casser la dynamique qui se mettrait en place dans les groupes. L'utilisation de différents canaux est à privilégier (donner les consignes oralement mais fournir aussi un support écrit, à emporter de préférence). Dans le cas de travaux de plus grande envergure, M. Barlow (1993) suggère de prévoir un cahier des charges.

Pour vérifier l'appropriation des consignes, on peut demander à un ou quelques élèves de les reformuler pour l'ensemble de la classe ou les faire reformuler entre pairs.

Ces consignes porteront sur :

- la répartition des élèves dans les différents groupes ;
- la disposition dans l'espace (l'enseignant aura réfléchi non seulement à la disposition des différents groupes[16] mais aussi à la disposition des élèves à l'intérieur de chaque groupe[17]) et les éventuels déplacements ;
- les « outils » à utiliser (les supports, les documents, les moyens matériels, etc.) ;
- éventuellement, la(les) méthode(s) conseillée(s), les processus à mobiliser ;
- les modalités d'évaluation (qui évalue : l'enseignant, chacun des élèves s'auto-évalue, chacun des groupes évalue son travail, le travail de chaque groupe est évalué par tous les autres élèves... et comment

16. Il s'agit de veiller à limiter les interférences sonores entre les différents groupes.
17. La disposition à l'intérieur de chaque groupe doit favoriser les échanges et l'accès aux supports utilisés.

on évalue : sur base de la production finale ou d'une production écrite qui fera suite au travail de groupe, d'un travail individuel d'analyse de la production de son groupe ou de la production d'un autre groupe, d'une activité individuelle de réinvestissement, ...) et les critères ;

– la gestion du temps et les délais[18] ;
– le fonctionnement du groupe :
  - des règles de fonctionnement sont utiles (et peuvent être notées au tableau, affichées ou reprises sur un document remis aux élèves) : un travail de groupe suppose la succession de différentes phases qui peuvent être « ritualisées »[19] (exemple : « Comme d'habitude, prenez cinq minutes pour relire les consignes et comprendre ce qui vous est demandé ; ensuite, répartissez-vous les rôles... ») ;
  - attribuer des rôles aux élèves aide le groupe à se structurer et est source d'apprentissages ; différents rôles peuvent être donnés (les plus fréquents sont les rôles d'animateur ou de président, de secrétaire, de rapporteur, de gardien du temps mais d'autres rôles sont parfois attribués comme ceux de responsable du niveau sonore, de modérateur, de gardien de la tâche, de gardien de la parole, de coordinateur avec l'extérieur, d'observateur) ; ces rôles seront précisés (y compris leurs limites) pour l'élève qui tient le rôle et pour les autres participants (un carton peut être placé devant l'élève avec l'indication de son rôle face aux autres et la description de ses tâches face à lui)[20] ; tous les élèves devraient pouvoir s'exercer aux différents rôles ;
  - si le travail se prolonge sur plusieurs séances, il faut demander au groupe d'établir un plan de travail avec des échéances, de garder une trace du travail en cours (tenir un journal de bord, archiver les productions déjà réalisées)[21], de faire un bilan à la fin de chaque séance de travail et d'établir l'ordre du jour de la prochaine séance ;
  - prévoir l'encadrement disciplinaire (les règles de vie à respecter et les conséquences en cas de non-respect).

d) Quelles sont les conditions à mettre en place pendant le travail de groupe ?
Le rôle de l'enseignant reste essentiel pour assurer le bon fonctionnement des groupes et l'apprentissage par chacun des élèves. Il doit éviter d'adopter deux attitudes peu favorables au véritable apprentissage : d'une

18. Plusieurs auteurs soulignent le risque d'échec si le travail est trop complexe ou imposé dans un temps irréaliste et qui limiterait les interactions entre les membres du groupe.
19. Barlow M. (1993, p. 51) signale l'intérêt de cette « ritualisation » de la procédure pour les débutants en matière de travail de groupe.
20. Procédé suggéré par Howden J. et Kopiec M., 1999.
21. Barlow M., 1993, p. 49.

part, des interventions répétées et un suivi excessif qui transformeraient les élèves en simples exécutants et, d'autre part, une liberté totale qui laisserait les apprenants seuls face à la tâche et démunis face à leurs questions, aux difficultés rencontrées ou qui amènerait les apprenants à envisager le travail de groupe uniquement comme un moment agréable à passer ensemble.

L'enseignant doit observer les groupes au travail et chacun des participants : l'évolution de la tâche, le respect des consignes, l'engagement de chaque apprenant, les interventions des participants, le vécu affectif et social au sein des groupes, les signes non verbaux (postures, mimiques, ...) et métalinguistiques (intonation, tonalité, ...). Il doit encourager la confrontation des points de vue et la collaboration, relancer la recherche sans donner lui-même la réponse, amener les élèves à faire un bilan de leurs recherches pour aller plus loin. Parfois, il devra intervenir en cas de problèmes socio-affectifs dans un groupe ou pour gérer des dysfonctionnements toujours possibles (les élèves travaillent « chacun pour soi », un élève fait le travail à la place des autres, un élève impose son idée sans écouter les autres membres du groupe, un élève refuse de travailler, ...).

Lors de ses interventions dans les groupes, l'enseignant veillera à ne pas parler fort et prendra l'habitude de se déplacer auprès de chaque groupe pour parler au niveau des élèves. Si une question lui est posée, il est préférable de la renvoyer au groupe ou de poser une autre question, de donner uniquement quelques indications pour aider le groupe à poursuivre sa réflexion, ou encore d'inciter les membres à faire une première synthèse de leurs recherches ce qui peut parfois débloquer la situation. Il suivra aussi le rythme de travail dans les différents groupes pour rappeler, si besoin, le temps imparti pour le travail. Dans certains cas, l'enseignant pourra redonner du temps si nécessaire mais sans en faire une habitude car, apprendre à gérer son temps est un objectif à travailler. Aux groupes plus rapides, il donnera un travail complémentaire (à prévoir lors de la préparation de l'activité !).

e) Le passage du travail en petits groupes au grand groupe est également un moment délicat. Ce passage implique un changement de climat et de rythme ![22]

Une mise en commun du travail réalisé dans les petits groupes est souvent organisée mais ne se justifie que si elle représente un bénéfice et un intérêt pour les élèves (les apports des groupes sont diversifiés, voire complémentaires) ; ce n'est donc pas une obligation. Chaque groupe peut aussi déléguer, à son tour, un de ses membres dans les autres groupes et on peut ensuite demander à chaque groupe d'élaborer un document-synthèse[23].

22. Voir l'article de Tozzi M., 1997.

23. Formule utilisée par Terwagne S., Vanhulle S. et Lafontaine A., 2001.

Si une mise en commun est prévue, elle doit être annoncée, avant la mise au travail des groupes, et les modalités précisées (Qui ? Comment ? Temps disponible ? Avec quel support ?...). Elle doit aussi être « économique » pour éviter les répétitions et la lassitude. Des conditions telles que le silence, l'écoute réciproque sont à mettre en place.
Pour cette mise en commun, de nombreuses possibilités existent et l'enseignant veillera à varier les modes de présentation et, parfois, à surprendre les élèves. Le choix pour telle modalité tiendra compte, notamment, des objectifs poursuivis et des conditions matérielles. Parfois, la forme sera choisie par les élèves eux-mêmes parmi un éventail de possibilités. Voici quelques suggestions : un exposé oral, une présentation écrite (un texte à photocopier, une affiche synthèse, un tract publicitaire ou électoral, une synthèse schématique présentée sur transparent, un texte pour telle revue, ...), un panneau d'exposition, une bande dessinée, une saynète, un défilé, une présentation à la manière d'une émission de télévision, d'un spot publicitaire, d'une communication gouvernementale, un dialogue, une interview, une histoire racontée, une maquette, l'énoncé d'un problème que les autres devront résoudre, un jeu, un débat, etc.

f) Une évaluation doit être prévue.
Nous pensons que l'enseignant doit se donner les moyens pour évaluer le progrès réalisé par chaque apprenant dans le développement des compétences exercées (d'ailleurs, c'est la réussite à cette évaluation qui témoigne de l'efficacité du travail de groupe et, en cas d'échec, l'enseignant doit s'interroger sur la pertinence du travail et des conditions de réalisation).
Dans une perspective de transfert, l'enseignant doit amener les apprenants à réfléchir sur leurs actions et sur les résultats de ces actions, à structurer les acquis et à les articuler avec les connaissances antérieures.
L'évaluation de la production collective joue essentiellement au niveau de la motivation des élèves dont on reconnaît le travail, mais elle doit être secondaire dans l'optique « apprentissage ».
L'évaluation du fonctionnement des groupes (les stratégies utilisées, le climat, la participation de chacun, la collaboration, ...) est indispensable pour développer les compétences sociales et relationnelles. Les élèves peuvent être associés à cette évaluation (c'est même souhaitable) : un échange peut être organisé, un questionnaire peut être proposé (l'élève est, par exemple, invité à se situer par rapport à diverses propositions : « j'ai fait des propositions pour l'organisation du travail » – « j'ai évité d'interrompre les autres » – « j'ai partagé mes idées et j'ai donné des informations » – « j'ai joué mon rôle dans l'équipe et j'ai respecté le rôle joué par les autres » – etc.).

Chapitre 5

LES PROJETS

1 DE QUOI S'AGIT-IL ?

« Le projet est une tâche, définie et réalisée en groupe, impliquant une adhésion et une mobilisation de celui-ci, parce qu'il résulte d'une volonté collective basée sur des désirs, aboutissant à un résultat concret, matérialisable et communicable présentant une utilité par rapport à l'extérieur. » (Le Grain, 1980, p. 56)

Un projet comporte donc trois éléments essentiels :
- une production observable ;
- l'élaboration collective de cette production, depuis sa conception jusqu'à sa réalisation et son évaluation ;
- le caractère d'utilité de cette production pour ceux qui l'ont voulue.

La réalisation de projets avec des élèves engendre un certain nombre d'implications ou de conséquences :
- le projet s'appuie sur l'action des apprenants et il requiert l'engagement personnel de chaque participant ;
- il rend les élèves acteurs et peut donc les motiver, voire parfois les réconcilier avec l'école ;
- il s'ouvre sur l'environnement et amène progressivement les élèves à le comprendre, à se situer par rapport à lui et à agir sur lui ;
- il implique des droits et devoirs pour tous et est généralement lié à la pédagogie du contrat[1] ;
- il développe une dimension sociale importante ;
- il nécessite souvent le passage par des activités de résolution de problèmes et par le tâtonnement ;
- il apprend à différer dans le temps l'atteinte d'un résultat et impose de réfléchir avant d'agir.

La pédagogie par projets est parfois considérée comme synonyme d'une pratique par thèmes ou comme l'appellation rénovée des centres d'intérêts de Decroly. En réalité, ces pratiques ont essentiellement un point commun : toutes trois ont la volonté de donner du sens aux apprentissages proposés aux élèves. Par contre, un certain nombre de caractéristiques les différencient.
- Dans le cadre des thèmes, les différents apprentissages sont articulés autour d'un même sujet (la forêt ou le facteur, par exemple). Le thème va être le prétexte ou l'habillage du contenu précis abordé dans chaque discipline. Ainsi, l'exploitation du thème « la boulangerie » sera l'occasion de mémoriser une poésie relative à ce sujet, d'aborder en orthographe et en vocabulaire un certain nombre de termes associés à la boulangerie, de proposer des questions de mesures et des problèmes associés au travail du boulanger, ... Dans le cadre de la pédagogie par centres d'intérêts, il en allait de même. Simplement, le sujet traité devait être relatif à un des intérêts fondamentaux des enfants définis par

1. Voir chapitre 6.

Decroly : besoin de se nourrir, de se protéger, de se défendre, de travailler. Dans le projet par contre, ce qui unit les différentes activités proposées, c'est le fait que chacune est nécessaire à l'aboutissement du travail, à la réalisation de la production visée.

– Dans les thèmes et centres d'intérêts, les activités sont choisies par l'enseignant alors que dans le cadre de projets, elles sont choisies aussi avec les élèves, comme étapes nécessaires à l'atteinte du but visé.
– Dans les thèmes et centres d'intérêts, la préoccupation première reste la matière ; dans les projets, la préoccupation essentielle est, par l'intermédiaire de la réalisation visée, la construction et l'utilisation de connaissances et de compétences.
– Les thèmes et centres d'intérêts se situent dans une approche qui reste essentiellement disciplinaire : les activités sont juxtaposées et sans lien véritable entre elles si ce n'est de se situer dans le même champ de réalité ; chaque discipline prévue au programme doit être abordée avec la conséquence fréquente de proposer des activités où le lien entre le contenu disciplinaire réel et le thème est pour le moins artificiel. Les projets se situent davantage dans une perspective interdisciplinaire puisque, généralement, le recours à plusieurs disciplines sera nécessaire pour atteindre l'objectif visé.

À un autre niveau, le projet conçu en tant que pratique pédagogique ne doit pas être confondu avec le projet éducatif, le projet pédagogique ou le projet d'établissement.

– Le projet éducatif, c'est l'ensemble des visées éducatives d'une école, d'un ensemble d'écoles ou du système scolaire d'un pays ; c'est la réponse de l'institution scolaire à la question : « Quel type d'enfants et de jeunes voulons-nous, pour quel genre de société ? ».
– Le projet pédagogique, c'est l'ensemble des principes et moyens pédagogiques et méthodologiques choisis pour atteindre le projet éducatif ; c'est la réponse à la question « Quelles orientations pédagogiques privilégier pour que les enfants et les jeunes se développent selon le projet éducatif ? ».
– Le projet d'établissement, c'est l'ensemble des moyens précis, concrets, que met en œuvre une école pour poursuivre les projets éducatif et pédagogique ; c'est la réponse à la question « Nous, dans notre école, comment allons-nous concrètement fonctionner au cours de ces deux ou trois prochaines années ? ».

2 EXEMPLES

Les projets possibles sont tellement nombreux et d'une diversité telle qu'en donner un exemple ne serait guère utile ou révélateur. Par contre, ce qui peut s'avérer utile et servir pour chacun de grille de lecture de ses propres pratiques, c'est la prise en compte de certaines classifications des projets.

Voici trois classifications possibles illustrées d'exemples.

a) **Classification selon le nombre de participants**

- Projets internationaux ou européens : échanges et correspondances entre écoles, cycles ou classes d'écoles de différents pays.
- Projets inter-écoles : chaque école prépare un rallye pédestre pour faire découvrir sa localité à une ou quelques autres écoles.
- Projet d'école : toutes les classes d'une école préparent un spectacle ou une exposition à présenter aux parents et amis.
- Projet de cycle : les classes d'un cycle aménagent la cour de récréation avec des jeux d'extérieur du siècle dernier.
- Projet de classe : la classe produit un CD Rom comparant ce que notre commune était hier à ce qu'elle est aujourd'hui.
- Projet d'équipe (ou individuel à la limite) : dans la classe, quatre projets ont été retenus et chacun participe à celui qu'il préfère : adapter un roman en roman-photos ; construire une ligne du temps en trois dimensions relative à l'histoire de la navigation ; produire un journal pour l'école ; rédiger un fichier d'expériences scientifiques amusantes et non dangereuses pour les enfants. Chaque semaine, le plan de travail prévoit deux fois deux heures pour le développement de ces projets.

Ces différents niveaux de projets peuvent être en interaction. Une classe peut décider de mener à bien un projet qui constitue une facette ou un aspect d'un projet inter-écoles par exemple.

b) **Classification selon le domaine de compétences prioritairement visé**

- Projet culturel : réaliser une exposition relative à tel sujet culturel ou artistique.
- Projet sportif : organiser des jeux « écolympiques » entre classes ou entre écoles.
- Projet humanitaire : initier ou participer à un projet philanthropique.
- Projet littéraire : réaliser un recueil de poésies produites par les élèves du cycle.
- Projet scientifique : monter une exposition pour faire comprendre aux visiteurs comment fonctionnent les objets de la vie quotidienne (perforatrice, poubelle à pédale, serrure, ...).
- ...

c) **Classification selon la durée**

- Projet étalé sur deux ans (la durée habituelle d'un cycle scolaire) : restaurer un bâtiment appartenant au patrimoine local.
- Projet d'année : écrire une nouvelle.
- Projet de trimestre : monter une exposition.
- Projet de quelques semaines : réaliser quelques affiches sur les dinosaures à exposer à la BCD (bibliothèque centre de documentation).
- Projet de quelques heures : réaliser des cartes de vœux artisanales pour les fêtes de fin d'année.

Un type particulier de projets mérite d'être rappelé : les classes-entreprises qui ont été initiées dans l'enseignement secondaire. Il s'agit, pour une classe, de se rapprocher le plus possible des réalités économiques et sociales vécues en entreprise. Pour ce faire, durant quelques heures par semaine, les élèves assument l'entièreté de la conception, de la fabrication, de la commercialisation et de la gestion de produits, biens ou services, liés à leur orientation. Tous les élèves s'exercent à ces différentes tâches.

3 POINTS FORTS ET LIMITES DES PROJETS

3.1 Points forts

- La réalisation de projets implique automatiquement la mise en œuvre d'activités fonctionnelles, c'est-à-dire d'activités significatives aux yeux des élèves.
- Les projets visent le développement global de l'élève puisque ils supposent la mise en œuvre de savoirs, savoir-faire et savoir-être, de compétences disciplinaires et transdisciplinaires.
- Ils favorisent la prise de responsabilité, l'autonomie, la socialisation, la solidarité et la confiance en soi.
- Ils sont l'occasion de mettre en œuvre pour les élèves diverses compétences et pour l'enseignant de les observer au travail ; autrement dit, ils incitent à l'évaluation formative.
- Ils permettent la différenciation par le biais de la répartition des tâches ou par la réalisation, en parallèle et simultanément, de différents projets.

3.2 Limites et dérives à éviter

- Consacrer trop de temps aux simples activités d'exécution (découper, colorier, ...) ou les programmer à des moments de la journée qui pourraient être consacrés à des activités mentalement plus exigeantes.
- Être plus attentif au produit fini, à la production à présenter, qu'aux profits que peuvent tirer les élèves de leur travail en termes d'apprentissages ; cette dérive engendre également le risque d'une trop grande intervention de l'adulte dans la réalisation finale du produit.
- Répartir les tâches d'une manière qui cantonne les élèves dans leurs statuts actuels : tels « bons » élèves sont chargés des activités mentalement plus difficiles ou davantage liées aux décisions, tels élèves « faibles » sont chargés des tâches d'exécution.

- Vouloir rattacher toutes les activités de la semaine ou du mois au projet en cours, avec le risque de retrouver, dans ce cas, les lacunes de la pratique des thèmes et des liaisons artificielles entre activités.

- Permettre ou encourager la réalisation de projets dont le but est en contradiction avec les finalités éducatives énoncées dans le projet éducatif de l'école. Par exemple : telle classe mène essentiellement des projets dont le but est de faire entrer de l'argent dans la caisse de classe alors que le projet éducatif déclare vouloir privilégier des valeurs où l'être l'emporte sur l'avoir ou le paraître.

4 COMMENT FAIRE ?

Puisque le projet est une activité par laquelle un groupe d'apprenants atteint un but à portée sociale (production, réalisation) qu'il s'est fixé ou qu'il a fait sien, il doit répondre à quatre critères[2]. Il doit être :
- souhaitable (critère de pertinence) ;
- possible (critère de faisabilité) ;
- voulu (critère d'adhésion) ;
- non déjà réalisé (critère de nouveauté).

Classiquement, quatre étapes indispensables sont prévues dans la réalisation d'un projet : projeter, planifier, réaliser, évaluer.

a) **Projeter**

Cette première phase se déroule d'habitude en trois temps, les deux premiers se déroulant en classe avec les élèves et le troisième étant spécifique aux enseignants.

- Dans un premier temps, les élèves proposent des idées. Il s'agit d'un moment d'expression libre, sans critiques, où les propositions sont simplement listées.

  Lors de cette étape, les rôles de l'enseignant consistent à :
  - observer et favoriser la participation du plus grand nombre ;
  - informer selon les demandes ;
  - écouter les vraies demandes ; en effet, sans vouloir jouer à l'apprenti sorcier, il y a parfois lieu d'établir les distinctions nécessaires entre les demandes exprimées, les attentes qu'elles traduisent et les besoins sous-jacents[3].

2. Critères énoncés par Willem M. et Koch A., *Pédagogie du projet et projet d'établissement*, module de formation continuée, FOPESC, Bruxelles, 1996.
3. Pour mémoire : une demande est de l'ordre du déclaré, de l'explicite, et peut s'exprimer par des propositions, des contestations, des souhaits, etc. ; l'attente se situe au niveau latent, implicite, et doit parfois faire l'objet de clarification ou d'analyse car une même attente peut s'exprimer par des demandes différentes tout comme une même demande

Cette mise en route du processus est parfois remplacée par la présence en classe d'une boîte à idées ou d'un panneau à suggestions régulièrement alimentés par les propositions des élèves.

- Le deuxième temps de la phase « projeter » sert à choisir, à décider de l'action à mener qui va être retenue.
  À ce moment, les rôles de l'enseignant consistent à :
  - éclairer sur d'éventuels obstacles ;
  - guider l'organisation des idées émises ;
  - préciser le mode de décision ; en effet, le choix peut se réaliser de diverses manières :
    - à l'unanimité ;
    - par consensus : choisi à la majorité mais accepté par tous ;
    - par vote à la majorité qui peut être simple, des 2/3, ... ;
    - par un vote pondéré : chacun dispose par exemple de 10 points à répartir sur 3 projets parmi les x proposés ; on multiplie ensuite le nombre de points obtenus par le nombre de votants pour tel projet ;
    - par une matrice pondérée : le projet retenu doit correspondre à un maximum de critères retenus par le groupe et rangés selon leur importance.

  Ces deux premiers temps peuvent être réalisés lors d'un conseil d'élèves s'il en existe dans la classe (voir chapitre 7).

- La troisième étape est un moment de réflexion didactique, de préparation de la classe pour l'enseignant ou l'équipe d'enseignants concernés. Le travail consiste à :
  - identifier les passages obligés ;
  - identifier les opportunités à saisir, en relation avec les programmes et avec les ressources locales ;
  - identifier les aides à prévoir et à demander ;
  - prévoir l'évaluation.

b) **Planifier**

La planification, c'est l'élaboration collective du plan de travail relatif aux moyens à mettre en œuvre pour atteindre l'objectif fixé. Les moyens à prévoir peuvent être du type :

- procédures, démarches à entreprendre ;
- matériels à rassembler ou à produire ;
- partenaires à contacter ;
- apprentissages à réaliser ;
- documents à rédiger.

---

peut signifier des attentes diverses ; le besoin n'existe qu'au niveau inconscient et peut se définir comme force interne qui pousse l'être humain à agir : besoin de sécurité, d'affiliation, d'accomplissement, ...

La rédaction de cette planification suppose l'analyse des ressources et des contraintes liées à ce projet. Les ressources sont de deux types : directes, elles existent au sein de l'école, et indirectes, elles existent à l'extérieur de l'école. Les contraintes sont également de deux sortes : levables et non levables ; face à ces dernières, il faut chercher comment les contourner ou comment modifier le projet pour qu'elles ne le rendent pas impossible. Dans certains cas, elles pourront forcer le groupe à abandonner ou à modifier très largement le projet initial. Parmi toutes ces contraintes, certaines sont objectives (matérielles, financières, temporelles, ...) et d'autres sont subjectives, découlant de ce que chacun croit qu'il faut faire ou pas, qu'on peut ou qu'on ne peut pas faire.

Lors de cette phase de planification, les rôles de l'enseignant consistent à :
- veiller à l'équilibre dans la répartition des tâches ;
- rappeler les objectifs, délais, ressources et obstacles.

La synthèse de cette phase peut se matérialiser par un contrat collectif (voir chapitre 6) qui pourrait avoir la forme suivante.

Qui ?	Fait quoi ?	Où ?	Comment ?	Quand ?	Délais ?

c) **Réaliser**

Cette troisième phase, généralement la plus longue, correspond à la mise en œuvre de la planification. Chacun ou chaque groupe réalise ce qu'il s'est engagé à faire avec les éventuelles adaptations et rectifications qui s'imposent.

Lors de cette phase de réalisation, les rôles de l'enseignant consistent à :
- soutenir et relancer l'intérêt ;
- suggérer des adaptations jugées utiles car un projet doit souvent être évolutif pour se soumettre au principe de réalité ;
- orienter les élèves vers des acquis antérieurs qui peuvent être utilisés ;
- proposer des bilans provisoires ;
- renvoyer à la planification pour faire comparer travail prévu et travail effectivement réalisé.

d) **Évaluer**

Cette phase clôture le projet, même si des évaluations partielles ou provisoires ont eu lieu en cours de réalisation.

Lors de cette dernière étape, les rôles de l'enseignant consistent à :
- aider les élèves à dresser des constats et à tirer des conclusions ;
- aider les élèves à analyser les raisons de la réussite ou de l'échec ;
- dresser à son point de vue les mêmes bilans.

L'évaluation finale est forcément composite car elle intègre l'évaluation par les élèves et l'évaluation par l'enseignant. De plus, elle porte sur l'atteinte de l'objectif visé, la réalisation produite, mais aussi sur la façon dont les groupes et les membres ont travaillé, collaboré, participé ainsi que sur les apprentissages et acquis engendrés.

L'évaluation finale correspond à la dernière colonne du tableau suivant qui synthétise l'ensemble du processus d'évaluation associé au projet. Chacune des neuf cases de ce tableau est à envisager à la fois par l'enseignant et par les élèves.

Processus d'évaluation d'un projet[4]

	Avant – Prévoir ***Projeter + Planifier***	*Pendant – Gérer* ***Réaliser***	*En fin – Conclure* ***Évaluer***
La réalisation visée	Critères de pertinence, nouveauté, faisabilité, adhésion + critères de qualité (description du produit souhaité)	Avancement dans la réalisation du produit attendu ; ajustements éventuels du but visé	Confronter le produit fini aux critères de qualité attendus
La façon de travailler	Conditions d'efficacité et de progression au niveau de la coopération, de la négociation	Compétences relationnelles maîtrisées ou non ; mise en place éventuelle de stratégies visant à renforcer les comportements facilitateurs et diminuer les comportements perturbateurs	Attester des compétences relationnelles développées et phase de métacognition
Les acquisitions	Compétences à exercer ou à maîtriser dans le cadre du projet	Compétences maîtrisées ou non ; mise en place de situations d'apprentissage si nécessaire ; progression dans l'apprentissage	Attester des compétences disciplinaires et des compétences transversales instrumentales développées (exemple : trouver l'information, la traiter, ...)

4. D'après un tableau reçu de M. Willem et A. Kock, *Pédagogie du projet et projet d'établissement*, module de formation continuée, FOPESC, Bruxelles, 1996.

L'ensemble de la démarche du projet peut être schématisée par le tableau suivant. Les compétences transversales exercées à chaque étape ont été soulignées par E. Degallaix et B. Meurice.[3]

Se mettre en projet (*compétence transversale : se poser des questions*)
- proposer des idées
- choisir un projet (une demande qui correspond à une réelle attente)
- préciser le projet retenu, notamment en fonction des contraintes (levables ou non) et des ressources (directes et indirectes)

Planifier le projet retenu (*compétence transversale : construire une démarche de recherche*)
- construire une stratégie en termes de démarches, échéances, moyens, ...
- traduire la stratégie en un contrat collectif de réalisation

Mettre en œuvre les étapes prévues (*compétences transversales : récolter des informations, les exploiter, en vérifier la pertinence*)
- réalisation progressive selon le plan prévu
- ajustements éventuels du projet suite aux évaluations intermédiaires
- organisation des apprentissages perçus comme nécessaires et non installés

Évaluer le projet réalisé (*compétences transversales : structurer les résultats, les valider, les communiquer*)
- évaluation par l'enseignant et par les élèves
- évaluation du produit fini, des compétences relationnelles et des acquis disciplinaires

3. Degallaix E. et Meurice B., 2002, pp. 22 et 23.

Chapitre 6

LES CONTRATS PÉDAGOGIQUES

1 DE QUOI S'AGIT-IL ?

Le contrat pédagogique est un accord explicite, généralement écrit, négocié entre l'enseignant et l'apprenant à propos d'une situation d'apprentissage ou de formation, qui peut être à dominante cognitive, méthodologique ou comportementale.
Pour P. Jonnaert et C. Vander Borght[1], le contrat pédagogique est généralement considéré comme une technique d'enseignement et d'apprentissage qui s'inscrit dans la perspective de la pédagogie différenciée et qui consiste en un engagement mutuel entre enseignant et élèves à propos de leurs droits et devoirs respectifs face à la tâche à accomplir, l'élève s'engageant à réaliser une tâche qu'il a choisie et l'enseignant s'engageant à fournir les supports dont l'élève a besoin.

Les éléments à préciser dans un contrat sont les suivants :
- la réalisation attendue des apprenants : production ou comportement ou exercices ou... ;
- les moyens à utiliser ;
- les contraintes à respecter ;
- les aides disponibles, y compris de la part de l'enseignant ;
- les échéances ; à ce point de vue, il semble préférable de privilégier les échéances courtes, surtout au début de l'utilisation de tels contrats ; s'il est nécessaire de travailler sur de longues échéances, il peut être utile de programmer des échéances intermédiaires ;
- la forme de l'évaluation et les indicateurs de réussite.

Selon les situations et nécessités, les contrats peuvent concerner un seul élève, quelques-uns ou l'entièreté de la classe.

Les différents contrats peuvent être classés en cinq grandes catégories.
Le *contrat didactique*, relatif aux buts à atteindre par les élèves et fixé par l'institution scolaire. Il concerne en général tous les élèves d'une année ou d'un cycle de formation et est donc peu négociable. Malheureusement, il semble trop rarement présenté aux apprenants.
Le *contrat de réussite personnalisé*, basé sur les lacunes et manques constatés. Le plus souvent, il concerne un ou quelques élèves. Généralement relatif aux apprentissages scolaires, il peut dans certains cas se rapporter davantage aux comportements sociaux.
Le *contrat de choix* : il permet à chaque élève de choisir, conformément à des limites fixées par l'enseignant, les activités qu'il s'engage à réaliser parmi un ensemble d'activités proposées et dans un délai précis. Ce contrat prend souvent la forme d'un plan de travail individuel, étalé sur une journée ou sur une semaine.
Le *contrat de projet* concerne l'organisation d'un projet[2] et précise, pour chaque délai fixé, ce que chacun ou chaque groupe s'engage à réaliser, que

1. Jonnaert P. et Vander Borght C., 1999, p. 176.
2. Voir le chapitre 5.

ce soit en termes de contacts à prendre, d'informations à trouver, de synthèses à rédiger, de textes à produire, etc.
Le *contrat de coopération* vise l'élaboration de règles de vie en commun, notamment pour prévenir ou pour résoudre des conflits. Un tel contrat peut se présenter sous la forme d'une charte de classe si celle-ci a réellement été élaborée et rédigée avec les élèves, si elle est datée et signée par eux et par l'enseignant (ou les enseignants travaillant avec cette classe).

Deux conditions fondamentales sont à remplir pour qu'il y ait effectivement contrat :
- il doit y avoir engagement réciproque des partenaires, apprenant(s) et enseignant(s) ;
- le contenu du contrat doit être accepté par les deux parties.

2 EXEMPLES

Contrat : changer ses attitudes en classe

Aujourd'hui, le 24/01/94, je m'engage à respecter pendant 2 jours, le point suivant de la charte établie en classe.

ne pas crier quand on lève le doigt

Ai-je bien respecté mon engagement ?

OUI - ~~NON~~ - Pourquoi ?

Signature de l'élève : Signature de la stagiaire :

Expression écrite

1. Résumé de livres : je m'engage à rédiger au moins un résumé de livre d'une dizaine de lignes.
   Titre : .... Date : ....
   .... Date : ....

2. Traitement de texte : je m'engage à copier seul au moins un texte que j'ai rédigé et que j'ai fait préalablement corriger
   Titre : .... Date : ....
   Titre : .... Date : ....

3. Journal scolaire : je m'engage à rédiger ... articles (au moins un)
   Rubrique : .... Titre : ....
   ....
   ....
   ....

4. Autres productions écrites : je m'engage à produire ... autres écrits.
   Poésie : .... Date : ....
   .... Date : ....

   Lettre: .... Date : ....
   .... Date : ....

   Programme radio : .... Date : ....
   .... Date : ....

   Pour mon plaisir : .... Date : ....
   .... Date : ....

   Autre : .... Date : ....
   .... Date : ....
   .... Date : ....

Évaluation

À la fin de la quinzaine, j'ai rempli mon contrat : ❍
j'ai presque rempli mon contrat : ❍
je n'ai pas rempli mon contrat : ❍

Signature de l'élève Signature de l'enseignant

3 POINTS FORTS ET LIMITES DES CONTRATS PÉDAGOGIQUES

3.1 Points forts

Le contrat pédagogique rend l'élève davantage responsable et acteur de ce qui se passe à l'école puisque l'élève a en partie négocié et choisi ce qu'il va réaliser. Le contrat renforce dès lors la pédagogie participative. Il prépare ainsi l'apprenant à jouer progressivement son rôle de « citoyen responsable ».

Le contrat pédagogique, en explicitant davantage les « règles du jeu pédagogique » permet de travailler avec plus de transparence vis-à-vis des élèves, leurs parents et la société dans son ensemble.

Par cette transparence qu'il crée, le contrat pédagogique favorise l'auto-évaluation dans la mesure où ont été explicités les éléments qui la permettent : les comportements attendus et les critères de réussite.

Le contrat favorise, par essence, la différenciation et contribue au développement de la confiance en soi chez l'élève par la possibilité qu'il lui donne d'avoir réellement prise, au moins partiellement, sur ce qu'il va vivre en classe.

Le contrat provoque aussi des moments d'évaluation formative et permet donc un meilleur accompagnement de chaque élève.

Par ces différents aspects positifs, le contrat réunit un certain nombre de caractéristiques généralement reconnues comme autant de conditions favorisant la réussite des élèves dans leurs apprentissages.

3.2 Limites et dérives à éviter

La principale difficulté dans la mise en œuvre d'un contrat pédagogique réside dans le fait que la relation pédagogique est intrinsèquement asymétrique : enseignant et apprenant ne sont pas sur pied d'égalité pour négocier le contrat. En réalité, dans le monde économique, il en va souvent ainsi : l'assuré n'est pas sur pied d'égalité avec la compagnie d'assurances, l'employé n'est pas sur pied d'égalité avec la firme multinationale qui l'emploie. Mais cette asymétrie n'empêche pas l'explicitation de ce qui est attendu, et cette transparence sert d'abord et essentiellement l'apprenant.

De la même façon, l'élève n'est pas vraiment libre de passer ou non un contrat si l'enseignant le lui propose. Mais, comme pour la limite précédente, la réalité de celle-ci n'empêche pas que le contrat est d'abord conçu au bénéfice de l'élève.

La mise en œuvre de contrats pédagogiques implique, comme la majorité des pratiques de pédagogie active ou de différenciation, de disposer de nombreuses ressources pédagogiques telles que fichiers, matériels de manipulation, documents divers, principalement pour les contrats de réussite personnalisés et les contrats de choix.

Le contrat constitue un acte grave, sérieux. Il ne faut donc pas le banaliser en l'utilisant à tout moment, mais y avoir recours quand il est vraiment nécessaire : par exemple, dans la gestion d'un projet collectif ou pour aider des élèves en difficulté.

Une autre raison incite à recourir au contrat de façon mesurée : il instaure, par nature, entre les cosignataires, une relation contractuelle. Or la relation pédagogique est d'abord une relation de confiance, celle-ci favorisant grandement la progression des élèves. Il ne faudrait donc pas remplacer cette relation de confiance par une relation essentiellement contractuelle, ceci étant encore plus vrai pour les élèves les plus jeunes.

Enfin, la dernière dérive à éviter consiste à utiliser l'étiquette du contrat pour d'autres pratiques comme cette école qui avait rebaptisé les devoirs du nom de contrats, qui n'étaient ni négociés, ni différenciés, ni au choix, et qui ne présentaient donc aucune des caractéristiques d'un contrat pédagogique digne de ce nom.

4 COMMENT FAIRE ?

a) Au début de l'année, présenter systématiquement le **contrat didactique**. Même s'il ne peut guère être négocié au niveau du contenu, le fait de le présenter permet au moins aux élèves de savoir ce qui va se passer au cours de cette année, année qu'ils vont alors entamer, pour prendre une comparaison routière, avec un minimum de visibilité et non dans le brouillard.

b) Lors de la mise en route d'un projet, rédiger un **contrat de projet**.

c) Lorsque des élèves semblent éprouver des difficultés, rédiger avec eux des **contrats de réussite** personnalisés ; en parallèle avec ceux-ci peuvent être rédigés des contrats de choix pour les élèves n'éprouvant pas ces difficultés. Dans ce cas, il faudra veiller à ce que les élèves en difficulté aient aussi l'occasion, même si c'est moins fréquemment, de pratiquer des contrats de choix.

d) Si des problèmes relationnels ou de discipline se profilent, construire avec les élèves un **contrat de coopération**. Un tel contrat se construira progressivement plutôt qu'en une fois. Il est peu efficace de rédiger en une heure un contrat de coopération riche de quinze ou vingt articles ou consignes : il sera impossible à mettre en application. Mieux vaut alors :
   - rédiger collectivement une charte et poursuivre ce travail par un contrat personnel où chaque élève s'engage à respecter un ou deux

aspect(s) de la charte ; dans cette optique, la charte apparaît comme un contrat de classe entre l'ensemble des élèves et l'enseignant, ce qui n'est pas le cas lorsque ce dernier a rédigé seul la charte qu'il communique aux élèves ;
- discuter avec les élèves de ce qui gêne le plus le travail en classe, de ce qui entrave le plus gravement les relations et se limiter à un contrat réduit à deux ou trois aspects auxquels chacun pourra réellement être attentif. Mais il s'agira toujours d'un contrat pédagogique, pas d'un travail psychologique ou d'une « analyse sauvage » : ce n'est pas le travail de l'enseignant. Son rôle consiste essentiellement à instaurer les conditions optimales d'apprentissage pour des élèves apprenant ensemble.

e) Pour chacun de ces contrats, il y aura lieu de préciser parmi les éléments suivants ceux qui sont nécessaires :
   - les personnes concernées : apprenant(s) et enseignant(s) ;
   - la date de début de mise en œuvre ainsi que les dates des échéances retenues pour des évaluations intermédiaires et l'évaluation de fin de contrat ; les objectifs à atteindre : activités à réaliser, comportements à présenter ou à éviter, ... ;
   - les contraintes à respecter : contraintes de temps, d'espace, au niveau des démarches, ... ;
   - les ressources disponibles : matériel, outils informatiques ou autres, ... ;
   - les aides apportées par l'enseignant ;
   - les critères d'évaluation ;
   - les dispositions prévues en cas de non réussite ; ces dispositions seront autant que possible formulées en termes de remédiation et non en termes de sanction ;
   - la signature des partenaires.

   Les éléments retenus parmi cette liste le seront notamment en fonction de la forme choisie pour le contrat. Celui-ci peut se présenter notamment sous la forme de :
   - un tableau synoptique :

Qui	Fait quoi (responsabilités)	Échéances

   - une lettre contractuelle (voir les exemples de contrats présentés plus haut) ;
   - un plan de travail individuel pour une semaine.

f) Pour que la mise en œuvre de contrats pédagogiques soit efficace, certaines conditions sont à respecter :
   - préciser, pour soi et pour les élèves, ce qui est négociable ou non, car tout ne l'est pas ; ce qui dépend de la loi (législation, règlement des études, ...) n'est pas à négocier : « Il faut que les élèves apprennent que la loi s'impose par définition, qu'ils aient signé un papier ou non. » (E. Altschull, 2002, p. 115) ;
   - prévoir du temps dans l'horaire scolaire pour la négociation et la rédaction, la réalisation et l'évaluation des contrats ;
   - prévoir l'organisation de l'espace ainsi que la disposition et la gestion du matériel qui doit être accessible aux élèves.

g) Lors de la mise en application de contrats pédagogiques, les rôles de l'enseignant seront les suivants :
   - faciliter le choix des objectifs, au cours de la négociation, en veillant à ce que l'élève ne se contente pas de visées trop peu ambitieuses mais en étant également attentif à ce que l'élève se limite à des objectifs réalisables ;
   - encourager les élèves, les stimuler ;
   - proposer à l'élève des moyens auxquels il ne pense pas mais qui pourraient l'aider à mener à bien sa tâche ;
   - être une personne-ressource disponible sans devenir un distributeur de solution toute faite ;
   - rappeler les termes du contrat (échéances, contraintes, ressources, ...) quand c'est nécessaire.

Chapitre 7

LE CONSEIL D'ÉLÈVES

1 DE QUOI S'AGIT-IL ?

Le conseil d'élèves – appelé, de plus en plus souvent, *conseil de coopération*, mais aussi conseil de tous, conseil de classe ou de cycle, ... –, est la réunion des élèves d'une classe (ou d'un cycle) et de leurs enseignants[1], pour débattre de problèmes les concernant en vue de trouver des solutions appropriées. D'emblée, soulignons la variété des modes d'organisation et de fonctionnement (la littérature est éloquente à ce sujet). Cependant, au-delà de la diversité, se retrouvent des principes révélateurs des valeurs fondatrices des conseils d'élèves, parmi lesquelles nous citerons l'autonomie, la responsabilité et la prise en charge par l'élève de sa formation, l'initiative et la créativité, l'écoute, le partage, la solidarité et l'entraide, la liberté (d'expression notamment) et la confiance, le sens critique, l'aide à la réussite.

La majorité des auteurs assignent trois grandes fonctions aux conseils d'élèves :
- gérer la vie quotidienne et le climat de la classe ;
- gérer des projets individuels ou collectifs[2] ;
- analyser le fonctionnement de l'institution, les enjeux des décisions d'organisation prises ailleurs (par exemple dans le cadre d'un conseil d'école) ou par le groupe et construire des règles régissant la vie collective.

Des fonctions plus précises peuvent être distinguées[3] :
- réguler le travail ainsi que la vie de la classe ;
- analyser les réussites, les difficultés, les faits nouveaux... ;
- décider des actions à mener (projets, apprentissages, ...) ; le conseil se dote ainsi d'un pouvoir réel ;
- informer de décisions prises, de certains éléments pour faciliter la prise d'une décision ;
- socialiser les élèves.

Parmi les courants pédagogiques fondateurs du conseil d'élèves, nous trouvons la pédagogie institutionnelle dans laquelle le conseil est la clé de voûte de l'édifice. « C'est le lieu où la parole devient véritablement instituante. C'est le lieu du pouvoir. C'est là que vont se proposer, se discuter, se décider les petites et les grandes choses, les projets, les responsabilités, les règles de vie. C'est enfin là qu'aboutissent les problèmes insolubles ailleurs, les conflits, les malaises... » (G. Mangel[4]). La pédagogie institutionnelle invite à établir, dans les classes, un nouveau rapport enseignants-élèves permettant

---

1. Dans certaines écoles, seul le professeur principal y participe ; dans d'autres, le conseil est ouvert à tous les membres du personnel enseignant et éducatif qui a en charge ce groupe d'élèves, ou encore à l'agent du centre psycho-médico-social.
2. Voir le chapitre consacré à la pédagogie du projet.
3. FNESC-enseignement professionnel, « Le conseil de tous : définition », *Fiche pédagogique 88.12.30.11*, Bruxelles, 1989
4. Mangel Gilbert, « Je demande le Conseil », in *Cahiers Pédagogiques*, n° 319, décembre 1993, p. 22.

l'auto-gestion pédagogique. Ce principe remet au groupe la responsabilité des initiatives et des décisions en lui laissant le soin d'instaurer de nouvelles institutions. Dans cette situation, les élèves interviennent au même titre que les enseignants dans l'élaboration permanente des règles de fonctionnement. Les classes, pour la pédagogie institutionnelle, doivent être instituées par et pour la parole des élèves. F. Oury (un des initiateurs de la pédagogie institutionnelle) appelle le conseil « une machine à dédramatiser et à clarifier le discours ». Le terme « machine » implique que « l'institution conseil » agit par sa propre force sans que l'enseignant doive constamment intervenir.

Dans la pédagogie Freinet, le conseil a aussi sa place et est un outil de gestion de la classe et du développement de l'autonomie et de la coopération chez les enfants.

Le conseil d'élèves dont nous parlons ne doit pas être confondu avec d'autres structures existant dans le milieu scolaire.
- Ce n'est pas un conseil d'école regroupant un délégué de chaque classe ou de chaque cycle, la direction et quelques enseignants. Les objectifs sont autres.
- Ce n'est pas un groupe informel d'élèves puisque dans le conseil d'élèves, les élèves interagissent avec les enseignants et des règles de fonctionnement sont introduites.

2 POINTS FORTS ET LIMITES DU CONSEIL D'ÉLÈVES

2.1 Points forts

Le conseil d'élèves apparaît de plus en plus comme un outil indispensable pour la formation à la citoyenneté responsable, pour l'apprentissage de la démocratie. Apprendre à se donner des règles pour vivre ensemble et à gérer ce code de vie sociale sont deux de ses atouts. L'élaboration de règles et leur mise en pratique permettent aux élèves de comprendre l'utilité de règles pour le fonctionnement de tout groupe. En effet, ils prennent conscience que les règles engendrent des devoirs que chacun doit respecter et qu'elles garantissent aussi, à chacun des membres du groupe, l'exercice de droits (tels que le droit à la parole, le droit au respect, le droit à la différence). Ainsi, le conseil d'élèves constitue un temps et un lieu où les élèves peuvent construire la Loi. « C'est dans la coélaboration commune des droits et des devoirs entre enseignants et élèves que se construit la loi, visée fondatrice ultime de l'éducation. »[5] « À l'École si on veut éduquer, il ne s'agit pas seulement que les élèves respectent la loi, mais qu'ils l'élaborent, en échangeant à partir de leur propre loi. »[6]

5. Develay M., 1996, p. 78.
6. Develay M., 1996, pp. 80-81.

L'élève y apprend aussi à identifier des éléments de solutions aux problèmes relationnels. D'ailleurs, diront certains praticiens, si les conseils n'existent pas, ce qui n'y sera pas traité risque d'apparaître ailleurs, sous une autre forme (apathie, agressivité, dégradations, troubles psychologiques...). Selon J. Gaudet (1998), même si le conseil d'élèves ne règle pas tous les problèmes de la classe, il augmente la cohésion du groupe et contribue à accroître le sentiment d'appartenance et d'autogestion ainsi que le sentiment de reconnaissance personnelle et mutuelle, ce qui a pour effet de diminuer les problèmes de discipline à l'école. Sa fonction de socialisation est largement reconnue. Il aide à instaurer un climat social favorable aux apprentissages et à l'épanouissement de chacun. Lors du conseil, l'élève apprend à écouter, à prendre des décisions collectives et à les évaluer, à exprimer ses attentes, ses sentiments, ses besoins ; il apprend à s'exprimer dans un groupe. Nous pensons qu'une formation à la gestion des conflits devrait trouver sa place dans le temps scolaire, qu'un conseil existe ou non, à tous les niveaux de la scolarité. Former les apprenants à l'écoute active, à la communication non violente, à la négociation, à la médiation peut commencer très tôt, par des activités adaptées.[7]

Ces lieux et temps de parole contribuent à donner du sens aux apprentissages, à adapter l'enseignement à la réalité et aux besoins des élèves afin de permettre, à chacun, une progression optimale. L'apprenant y développe sa personnalité et son habileté à résoudre des problèmes.

Enfin, ils constituent des moments privilégiés pour développer des compétences métacognitives, notamment lors des moments d'analyse et d'évaluation des actions.

2.2 Limites et dérives à éviter

Le conseil d'élèves ne règle pas tous les problèmes de la vie en classe ou en cycle. Ce n'est pas la solution miracle.

Diverses dérives peuvent biaiser les principes fondateurs :

- le conseil ne doit pas se transformer en un tribunal où l'on juge des personnes ; son but n'est pas d'évaluer des personnes mais d'améliorer les conditions de l'apprentissage ;
- la dérive fusionnelle guette ces groupes et fait courir le risque de voir les élèves devenir dépendants du groupe ;

7. Le lecteur pourra trouver des ouvrages proposant des outils concrets et des pistes d'action qui ont fait leurs preuves dans les classes. Des modules de formation destinés aux élèves mais aussi aux enseignants sont organisés par divers organismes. Mentionnons encore les jeux de coopération qui peuvent être utilisés aussi pour développer les compétences relationnelles.

- le conseil n'est pas un lieu où l'on joue à « dis-moi tout (que j'rigole) sur toi et sur les autres »[8] ; la dérive psychologisante ne doit pas être perdue de vue ;
- le conseil ne doit pas devenir une simple réunion où l'on obtient des informations ou des « tuyaux » pour s'en tirer au mieux.

Les enseignants en place désireux de se lancer dans l'expérience du conseil (ils sont nombreux !) pourront trouver des appuis et des aides auprès de diverses sources. Certains enseignants ont relaté leurs expériences dans des articles ou livres et proposent des outils concrets à utiliser dans les classes (éventuellement en les adaptant), aux différents niveaux de la scolarité. Rappelons que des formations portant sur la gestion des relations interpersonnelles existent. Quant aux programmes de la formation initiale des enseignants, ils comprennent de plus en plus souvent des modules de formation spécifique à la gestion de la communication et de la relation dans la classe.

Les rôles des différents membres – adultes et élèves – doivent être clairement définis. Les enseignants doivent accepter de « jouer le jeu », ce qui suppose qu'ils adhèrent au postulat d'éducabilité et qu'ils soient convaincus des bénéfices à en retirer pour chacun. Un lieu de concertation entre les enseignants devrait exister en parallèle afin d'éviter des affrontements devant les élèves.

Ajoutons encore que l'absentéisme de certains membres peut poser problème et que le soutien de la direction s'avère utile.

3 COMMENT FAIRE ?

a) **Aménagement de l'espace**

Les sièges sont disposés en cercle (disposition idéale) ou en rectangle : chacun doit voir tous les autres participants au conseil. Les enseignants sont assis parmi les élèves ; ainsi les relations de pouvoir se trouvent modifiées, même si les participants gardent leur statut respectif durant le conseil.

Souvent, un tableau, visible par tous est prévu et permet de noter l'ordre du jour ou d'autres informations utiles avant et en cours de réunion.

b) **Aménagement du temps**

Le conseil se tient de manière régulière ; l'élève sait ainsi qu'il pourra y avoir recours en cas de problème. La fréquence habituelle est d'une fois par semaine[9] (ou une fois par quinzaine).

8. Expression reprise dans un courrier des lecteurs du journal Le Ligueur, Bruxelles, 23 août 1995.
9. Certains suggèrent de commencer chaque semaine par un conseil pour réguler la vie sociale de la classe et le travail.

La séance est limitée dans le temps et son déroulement est structuré par l'ordre du jour. Personnellement, nous pensons qu'une durée allant d'une demi-heure à une heure, selon l'âge des élèves, est une formule qui permet de garder l'attention et l'implication des participants (les points qui n'auraient pas pu être discutés pourront être abordés en priorité lors de la réunion suivante). Bien entendu, cette durée est théorique car, souvent, la durée sera fonction de la nécessité. La gestion du conseil d'élèves suppose souplesse et adaptation.

c) **Mise en place d'un conseil d'élèves**
Avant de mettre en place un conseil, il s'agit d'en expliquer, aux élèves et aux adultes concernés, l'intérêt et le fonctionnement et d'en discuter avec eux. Toutes les personnes impliquées doivent avoir le désir de se lancer dans l'aventure.

Des règles de fonctionnement doivent être définies. Parmi ces règles, certaines sont essentielles[10] :

- chacun a droit à la parole et au respect ;
- chacun doit respecter l'intervention des autres membres du conseil et la prendre en considération ;
- chacun écoute l'autre attentivement ;
- les membres doivent demander la parole ;
- les décisions prises sont respectées par tous ;
- chacun doit se sentir libre d'intervenir, de s'exprimer.

La règle de confidentialité[11] (qui concerne la vie du groupe et le vécu de ses membres mais non le contenu – l'ordre du jour est rendu publique – et les procédures de travail) nous semble utile pour assurer la confiance mutuelle. Le droit à l'erreur, le droit aux différences ainsi que le droit aux sentiments devraient progressivement émerger.
Des règles plus spécifiques au groupe seront négociées avec tous les partenaires. C'est au cours des premières réunions que doit s'élaborer un règlement intérieur ou une charte de vie.
Ajoutons que l'attitude des adultes est très importante et, notamment, en ce qui concerne le respect des décisions prises ensemble.

d) **Déroulement d'un conseil d'élèves**

- La mise en place d'un rituel facilite le fonctionnement du conseil : chacun sait ce qui va se passer ; le rituel donne une certaine solennité, organise la réunion et limite les réactions impulsives. Bien entendu, ce rituel peut être modifié selon les besoins.

10. FNESC-enseignement professionnel, *Fiche pédagogique 88.12.30.11*, Bruxelles, 1989.
11. FNESC-enseignement professionnel, *Fiche pédagogique 88.12.30.13*, Bruxelles, 1989.

G. Mangel (1993) préconise l'utilisation de ce qu'il appelle les « Maîtres-mots » :
- « le conseil commence »
- « qui a quelque chose à dire sur ? »
- « propositions ? »
- « qui est pour ? »
- « qui est contre ? »
- « la décision est prise »
- « le conseil est fini ».

- Des rôles sont à attribuer : un animateur (ou président), un secrétaire mais aussi un « gardien du temps » (parfois un régulateur et un observateur). Chacun des élèves devrait avoir la possibilité de s'exercer à ces différents rôles. Souvent, au début, l'animateur est un enseignant (celui qui est le plus à l'aise, avec ensuite une tournante entre les adultes)... puis, après un certain temps, un élève peut prendre ce rôle (une rotation doit être prévue).

- La préparation de la réunion est faite par l'animateur qui définit l'ordre du jour (et l'affiche quelques jours avant que ne se réunisse le conseil). Pour construire cet ordre du jour, différentes formules existent.
  - Parfois, l'ordre du jour est prévu à la fin du conseil précédent mais les membres peuvent toujours inscrire un point à l'ordre du jour au début de la séance (l'ordre suivi pour aborder les différents points peut être revu à ce moment)[12].
  - Souvent, des moyens sont mis en permanence à la disposition des membres du groupe pour alimenter l'ordre du jour : des panneaux, des boîtes aux lettres, un cahier de classe... ; des rubriques sont proposées telles que « je demande », « je félicite », « je me plains de » (il est parfois précisé explicitement que l'on peut mentionner des actions et non des personnes), « je propose ». Toute personne qui désire inscrire un point à l'ordre du jour doit utiliser ces supports. La mise par écrit est intéressante car elle permet à tous et même aux plus timides de s'exprimer ; en demandant à l'élève de mettre des mots sur des sentiments, des besoins, l'écrit aide à accéder à une « parole réellement significative », au langage « de la responsabilité »[13] ou encore favorise la dédramatisation. Si, dans un premier temps, le « je » peut être anonyme, à long terme, l'anonymat devrait disparaître.

12. Il ne faudrait pas cependant que le temps prévu pour le conseil soit consacré de manière excessive à l'élaboration de l'ordre du jour !
13. Nous reprenons ces expressions à Meirieu P., 1994a, p. 91.

Une feuille reprenant l'ordre du jour est affichée dans le local de réunion quelques jours avant la séance, pour que les élèves et enseignants n'oublient pas certains points et pour qu'ils puissent rassembler toutes les informations nécessaires à la discussion des différents points prévus. Les élèves participant à la réalisation d'un projet prépareront une synthèse de l'état d'avancement de leur projet.

- Lors des premiers conseils, il est utile de rappeler, en début de séance, les règles de fonctionnement et l'esprit du conseil. Puis, l'ordre du jour noté au tableau ou affiché est parcouru (avec les éventuelles modifications ; les points les moins urgents sont placés en dernier lieu).

- Le rôle de l'animateur est essentiel[14]. Il doit évaluer en permanence les trois niveaux de fonctionnement du groupe (J.M. Aubry, 1994) :
  - le contenu ou la tâche du groupe (tâche structurée par l'ordre du jour) ;
  - la procédure : les démarches suivies, les règles que le groupe s'est données, les rôles attribués à certains, les modalités d'échanges et de résolution des problèmes, etc. ;
  - le climat socio-affectif.

  Concrètement, l'animateur doit :
  - stimuler et distribuer la parole, faire respecter la prise de parole et l'ordre du jour (éviter les digressions inutiles) ;
  - pratiquer et faire pratiquer l'écoute active, clarifier et faire clarifier les interventions en les reformulant, synthétiser au fur et à mesure ;
  - agir comme modérateur, désamorcer les tensions et réguler les conflits ;
  - aider à l'analyse du problème, à l'exploration des solutions possibles en anticipant les conséquences prévisibles ;
  - susciter des prises de décisions concrètes et veiller à ce que ces décisions soient approuvées et notées ;
  - s'il n'y a pas de « gardien du temps », gérer le temps.

- Parvenir à une décision débouchant sur une action concrète est important, décision pour laquelle tous les membres du conseil se sentent engagés. Les diverses possibilités de prise de décision sont[15]
  - la décision à l'unanimité... mais elle est peu fréquente ;
  - la décision à la majorité : l'ensemble du groupe se rallie à la décision du plus grand nombre (cependant la minorité peut rester réticente et non engagée dans l'action) ;

14. Être animateur ne s'improvise pas. Si, pour les adultes, il existe des formations à la conduite de réunions, il serait utile (certains enseignants le font), d'initier les élèves à assumer ce rôle, progressivement et très tôt dans la scolarité.
15. FNESC-enseignement professionnel, *Fiche pédagogique 88.12.30.11*, Bruxelles, 1989.

- la décision par consensus : tous les membres se rallient à la décision qui semble la meilleure et se sentent personnellement engagés, « même si certains participants ne font que "consentir" sans approuver ; la formule est souvent : "Quelqu'un est-il gêné si... ?" » (G. Mangel, 1993).
- la décision minoritaire quand quelqu'un du groupe prend sur lui de trancher la question et de décider (à éviter selon nous car il reste une majorité à motiver !).

- En fin de réunion, l'animateur doit veiller à rappeler les décisions prises. Un projet d'ordre du jour pour le prochain conseil peut être prévu (mais il n'est pas définitif). Les secrétaire et animateur pour cette prochaine séance sont choisis. Une rapide évaluation du fonctionnement du conseil est utile. L'animateur terminera la séance sur une note positive (un remerciement, une note apaisante ou humoristique).

- Le secrétaire rédige et publie le rapport (exemples : les décisions seront affichées, un échéancier mural sera construit). Construire une mémoire du groupe est primordial (prévoir un classeur où archiver les différents comptes-rendus et documents affichés, par exemple).

- Lors des conseils ultérieurs, le suivi des décisions qui ont été adoptées doit figurer à l'ordre du jour.

Chapitre 8

LES JEUX

Le jeu est un phénomène général que l'on retrouve aux différentes époques et dans les différentes civilisations. Des jeux bien actuels ont parfois des origines très lointaines[1] et, dès l'Antiquité, le jeu apparaît dans les activités scolaires. L'école d'aujourd'hui, qui met l'accent sur le développement global de l'enfant, peut intégrer le jeu dans ses pratiques aux différents niveaux de la scolarité. D'ailleurs, de plus en plus souvent, les formateurs proposent des jeux non seulement dans les écoles maternelles et primaires mais aussi dans l'enseignement secondaire – parfois plus timidement – et en formation d'adultes.

Dans un premier temps, nous nous attarderons quelque peu au jeu proprement dit. Ensuite, nous aborderons les simulations ainsi que les jeux de rôle[2] qui constituent des pratiques avec des caractéristiques spécifiques.

A Le jeu

1 DE QUOI S'AGIT-IL ?

Parmi les différentes définitions proposées par divers auteurs, nous retiendrons celle de G. Chamberland, L. Lavoie et D. Marquis (1995)[3] : « interaction des apprenants dans une activité à caractère artificiel, où ils sont soumis à des règles et dirigés vers l'atteinte d'un but ».

- L'interaction peut exister entre deux ou plusieurs personnes, entre des groupes, ou entre un sujet et lui-même ou plus exactement ses performances antérieures qu'il essaie de dépasser.
- La situation proposée n'est pas la réalité et le dénouement ne prête pas à conséquence pour le joueur dans sa vie réelle.
- Il n'y a pas de jeu sans règles et ces règles orientent le déroulement du jeu.
- Le but du jeu est clairement déterminé et les règles précisent les moyens pour l'atteindre.

Enfin, signalons que dans de nombreux jeux intervient un facteur « chance ».

2 EXEMPLES

Dans le milieu scolaire, nous pouvons trouver d'innombrables exemples de jeux que nous pouvons classer en trois catégories.

a) Des jeux commercialisés (que l'on trouve dans la grande distribution ou dans des commerces plus spécialisés), utilisables tels quels, sont parfois

1. Nous prendrons comme exemples le jeu de dames, le jeu d'échecs, le jeu de serpents et d'échelles.
2. Entre les deux graphies existant dans la littérature pédagogique, jeux de rôles ou jeux de rôle, nous avons opté pour la seconde, soulignant ainsi que chaque participant joue une rôle.
3. Reprise par Chamberland G. et Provost G., 1996, p. 31 lesquels précisent les composantes que nous avons reprises.

repris. L'enseignant restera vigilant et s'interrogera sur la pertinence de ces jeux pour le développement de réelles compétences. En effet, de nombreux jeux commercialisés visent (et souvent ne font qu'évaluer) de simples connaissances de type encyclopédique.

b) Des jeux commercialisés peuvent être facilement adaptés par l'enseignant : ces jeux connus (le jeu de dominos, le bingo, le jeu « Qui est-ce ? », le jeu « Motus », le jeu « Trivial pursuit », le jeu de serpents et d'échelles, ...), dont les règles sont généralement simples, peuvent être vidés de leur contenu pour mettre à nu la structure sous-jacente, laquelle une fois définie et analysée, devient un « cadre » dans lequel peut se glisser un nouveau contenu (l'enseignant peut imaginer un domino de lecture, par exemple) ; L. Sauve (1994) parle de « jeu cadre ».

- *Ainsi l'adaptation du jeu de cartes « valet noir » pour aborder les nombres complémentaires dont la somme vaut 10*
  Dans ce jeu classique, sont utilisées les cartes de 9 à l'as (sauf le valet de trèfle). Les cartes sont distribuées équitablement entre les différents joueurs. Une fois la distribution des cartes terminée, chacun peut déposer sur la table les paires qu'il a déjà en mains (les deux as rouges, les deux dames noires, ...). Ensuite, chacun à tour de rôle pêche au hasard une carte dans le jeu de son voisin de gauche et pose sur la table chaque nouvelle paire ainsi constituée. Est perdant celui qui reste avec comme dernière carte en mains le valet de pique.
  Le jeu peut être aisément adapté à la problématique des nombres complémentaires, dont la somme vaut 10. Il suffit de jouer avec une carte « 10 » et les cartes entre 1 et 9 (toutes ou une partie, selon les enfants et leur nombre par table). Est ici perdant celui qui reste en dernier lieu avec la carte 10 en mains.

- *Un domino de lecture peut être construit.*

– Ah ! bon. Enfin, je comprends pourquoi il te faut tant de robes et de chapeaux.	– Heureusement que les chevaux ne fument pas...	L'élève. – Sans doute, monsieur, mais de préférence quand ils sont empaillés !
Dans une cour de ferme, une poule décide d'interpeller le cochon : – Pourquoi prends-tu cet air renfrogné, chaque fois que je t'aperçois ?	PROPOS DE GOSSES – Dis quel âge qu'il a, ton petit frère ? – Un an... – Moi, j'ai un petit chien qui a un an aussi mais qui court beaucoup mieux que ton petit frère !	Rentrant d'une expédition en Afrique, un explorateur dépeint le climat humide de ces régions. – Il y fait tellement chaud ? questionne le journaliste.

Alors, Marius :
– Ils ont l'habitude.

BONNE PRÉCAUTION
Quelle idée ont eue les Dupont de prendre des leçons de portugais ?

– Parce que dit le porc, automatiquement cela me fait penser aux œufs au bacon !

Deux dames sur le retour évoquent d'anciennes splendeurs.
– Et dire, soupire l'une, que dans le temps, j'ai été mannequin.

– Peuh ! C'est pas bien malin : il emploie deux fois plus de pattes pour ça !

AU TRIBUNAL
Le président. – Mais pourquoi diable avez-vous volé les marchandises sans toucher à l'argent ?

– Écoutez, c'en est à un point que, là-bas, ils nourrissent leurs poules uniquement avec des esquimaux glacés. Sinon, elles pondent des œufs durs !

À L'ÉCOLE
L'institutrice. – Mariette, expliquez-nous ce que c'est que l'eau potable.

Vous ne savez pas ? Ils viennent d'adopter un bébé portugais et ils voudraient tant comprendre ce que le gosse dira dès qu'il commencera à parler !

L'institutrice demande :
– Qui peut me donner le pluriel du mot enfant ?
Et une petite voix s'élève, triomphante, du fond de la classe :

– Tiens ? fait gentiment l'autre, dans un champ de quoi ?

MOT D'ENFANT
La famille est à table. On apporte un plat d'épinards. Alors André, qui voit ce légume pour la première fois, de s'écrier :

Le prévenu. – Ah ! monsieur le président, ne m'en parlez pas. Ma femme m'a assez attrapé pour cela.

– Voyons, Sylvie, je vous ai expliqué, l'autre jour, les fonctions des différentes parties des fleurs, dit l'institutrice. Pouvez-vous me dire comment respirent les fleurs ?

Mariette. – De l'eau potable, mademoiselle, c'est de l'eau qu'il est permis de prendre dans un pot.

Une jeune femme taquine un vieux monsieur au cours de ce bal, et elle insiste gentiment pour qu'il danse avec elle :
– Que préférez-vous ? La valse à deux ou trois temps ?

– Le pluriel du mot enfant, c'est jumeaux, mademoiselle !

– Oh ! On va manger la pelouse !

Sylvie. – Par le petit trou au fond du pot.

Deux clochards se rencontrent :
– J'ai trouvé un trèfle à quatre feuilles, dit l'un.
– Ça t'a porté bonheur ? demande l'autre.

Jacques n'aime pas la soupe, mais comme c'est un moins de six ans, il doit la manger pour grandir.
– Enfin, mon chéri, prends ton courage à deux mains.

Un peintre montre sa dernière toile à un de ses amis.
L'ami. – Très joli, votre clair de lune ; mais je ne vois pas la lune.

Hélas ! chère madame, vous vous en rendrez compte plus tard, la valse n'a qu'un temps.

– Je pense bien… il était dans un portefeuille.

– Je veux bien, mais alors, comment pourrais-je tenir ma cuillère ?

UN FUTUR « GRAND »
C'est un mot de gosse qui contient toute la diplomatie :

Un journaliste, spécialiste des débats télévisés, soupire :

À L'ÉCOLE
L'instituteur interroge :
– Dis-moi, Paul, quelles sont les dents qui poussent les dernières ?

Le peintre (d'un ton péremptoire). –
Quand vous voyez un clerc de notaire, voyez-vous toujours le notaire ?

– Tiens ! disait-il à son petit camarade. Je partage mon plateau avec toi ! Prends le joli petit morceau. Moi je prendrai le vilain gros.

– Avec la plupart des hommes politiques, quand ils ont fini de vous répondre, on ne comprend plus un mot à la question qu'on leur avait posée.

Betty (7 ans) – Il me faut un mouchoir à six coins.
La mercière. – À six coins ? Mais pourquoi faire ?

MOT D'ENFANT
– Dis, maman, qu'est-ce qu'ils font au ciel les anges ?
– Ils chantent et jouent de la harpe, mon chéri…

À L'HOTEL
– Les mouches sont sûrement méchantes ici, non ?

– Les fausses, monsieur.	Betty. – Maman m'a donné tellement de courses à faire que j'ai peur de les oublier !	– Tiens ? Ils n'ont donc pas la radio là-haut ?
– Sais-tu qu'il y a dans un cigare assez de nicotine pour tuer un cheval ?	L'instituteur. – Est-ce que les crocodiles peuvent supporter notre climat ?	Marius est Marseillais, Olive est Niçois. – Hé, il y a du mistral, dit Marius. – Du Mistral ? réplique Olive. Les arbres ne bougent pas.
– Et quoi encore ! Pour cent francs par jour, vous ne voudriez pas que je les apprivoise ! ! !		
Madame rentre de chez son psychiatre préféré. Elle se précipite sur son mari. – Chéri, le médecin dit qu'il y a deux femmes en moi.		

- M. Kuhl-Aubertin (1988) décrit différentes activités utilisant le jeu de cartes – type jeu des 7 familles – pour apprendre la grammaire aux enfants dès l'école maternelle. Afin de constituer des paires de cartes identiques, l'enfant doit réclamer une carte à un de ses partenaires de jeu en produisant des phrases dans lesquelles certains éléments grammaticaux précis sont présents. Le matériel, les consignes ainsi que les variantes proposées visent à enrichir progressivement les éléments de détermination et conduisent les enfants à des productions langagières de plus en plus complexes au niveau syntaxique : « Je veux la voiture rouge », « Je demande à Pierre le petit garçon qui vient de se réveiller », « As-tu un clown assis sur un fil ? », etc.

c) Des jeux de type « élaboré » (L. Sauve, 1994) totalement construits par l'enseignant existent aussi : le but à atteindre, les règles, la présentation, le matériel... sont déterminés par l'enseignant en fonction d'un public, d'un contexte et de compétences ciblées ; pour ce faire, l'enseignant s'inspirera généralement de divers jeux existants. Le jeu élaboré possède fréquemment un niveau de complexité plus élevé que le jeu cadre et son contenu ainsi que les règles sont plus difficiles à modifier.

3 POINTS FORTS ET LIMITES DES JEUX

3.1 Points forts

Le jeu, activité « non scolaire », suscite généralement l'intérêt des élèves (des petits comme des grands) et est source de plaisir (à l'annonce de « aujourd'hui on joue », les regards s'illuminent !). La motivation et la charge émotionnelle qui accompagne le jeu peuvent favoriser la consolidation des acquis.

L'introduction du jeu en classe permet de varier les approches pédagogiques et les occasions propices au jeu sont nombreuses : lors des mises en situation pour susciter l'intérêt et le questionnement (phase de découverte), pour la construction de connaissances, pour les activités d'exercisation, pour les moments de synthèse et de révision ou de réinvestissement des connaissances. Le jeu peut être aussi utilisé d'une certaine façon au second degré : l'enseignant peut demander aux élèves de construire un jeu suite à une séquence d'apprentissage, ce qui constitue une démarche de réinvestissement des acquis particulièrement intéressante[4].

Dans le jeu, une grande initiative est laissée aux apprenants : un jeu bien conçu doit pouvoir être géré par les élèves, sans interventions répétées de l'enseignant. L'apprenant est fortement impliqué dans la situation et peut exercer un contrôle sur son action. L'enseignant, quant à lui, bénéficie d'une occasion de choix pour observer les élèves dans un contexte autre que la situation habituelle de classe et, ainsi, il peut recueillir des informations utiles pour une connaissance plus juste des élèves. Le formateur peut aussi être un partenaire du jeu de ses élèves (tout en veillant à ne pas prendre la direction du jeu !).

Le jeu met l'accent sur l'expérience concrète, sur la découverte : l'apprentissage se construit en situation. Cependant, l'accès au sens n'est pas nécessairement garanti et l'expérience doit être analysée pour amener les élèves à prendre conscience de leurs nouveaux acquis et pour les aider à les structurer.

Dans le jeu, c'est souvent la complexité qui est travaillée et l'apprenant est incité à « penser en termes de systèmes, de relations, de processus dynamiques plutôt qu'en termes d'événements isolés »[5].

4. Construire un jeu est une réalisation qui peut trouver aussi sa place dans le cadre de la pédagogie du projet.
5. Chamberland G. et Provost G., 1996, p. 22.

Le jeu est valorisant : les élèves sont appelés à prendre des décisions. de plus il permet à des élèves en difficultés lors de tâches plus scolaires de vivre l'expérience de la réussite.

Le jeu développe des compétences sociales. Les décisions individuelles doivent prendre en compte les actions des partenaires et l'élève fait l'apprentissage des règles. Élaborer les règles d'un jeu que l'on construit, trouver des variantes des règles existantes constituent des occasions d'apprentissage (et les élèves vivent des activités d'écriture en situation !). Le jeu renforce la connaissance de soi et des autres, il développe la capacité de communiquer et d'interagir avec autrui. L'impact sur la socialisation est encore accentué dans les jeux de coopération car c'est ensemble que les décisions se prennent. Les jeux de coopération, sans gagnants ni perdants et dont l'enjeu est de gagner tous ensemble, constituent des outils précieux pour développer la cohésion du groupe, la solidarité et l'entraide, la communication, la résolution non-violente des conflits ainsi que la confiance en soi et la créativité. Ces jeux ont leur place à l'école et peuvent aider les élèves à développer des compétences nécessaires pour les activités d'apprentissage en groupe et la participation aux conseils d'élèves.

Le jeu fait entrer l'imaginaire dans les classes et développe la créativité car « le jeu n'est jamais figé mais évolue au fur et à mesure de son développement »[6].

3.2 Limites et dérives à éviter

Il existe sur le marché peu de jeux utilisables comme tels[7] et construire ses propres jeux nécessite du temps, une certaine habileté mais surtout un travail de réflexion quant à l'adéquation entre les compétences visées, le jeu choisi et les conditions d'utilisation.

Un équilibre doit être trouvé entre le plaisir et l'apprentissage suscités par le jeu. Or, écrit N. De Grandmont (1995, p. 17) à propos des jeux dits pédagogiques, ce sont des jeux « souvent désincarnés, car ils ont perdu ce qui fait l'essence même du jeu : la dimension ludique, la gratuité. Ce sont des "routinisations", (...), des "kits" instantanés orientés vers le savoir, qui tentent d'associer le jeu à l'étude sans douleurs ». Par ailleurs, le plaisir de jouer ne doit pas occulter l'apprentissage. En « classe, on déguise souvent le travail en jeux, avec l'intention d'inciter l'élève à l'accepter et à le réaliser sans effort apparent (...). La représentation sous-jacente (...) c'est qu'"il faut que les élèves apprennent sans qu'ils s'en aperçoivent"... Et on enlève, par là même, tout le sens que portait l'activité : "on les agit" » (G. de Vecchi et N. Carmona-Magnaldi, 1996, p. 11). Le recours au jeu didactique supposera

6. Archambault G., 1998.
7. ... et beaucoup de jeux disponibles sont limités à des objectifs simples !

de maintenir en permanence la difficile relation entre la composante ludique et la composante apprentissage. En outre, on sait que le jeu répété et trop orienté engendre souvent lassitude et ennui. Il en est de même pour l'équilibre à trouver entre l'intervention du hasard et les compétences à mettre en œuvre, pour arriver au but visé. Sinon la portée pédagogique du jeu risque d'être limitée.

Le transfert de l'apprentissage réalisé à d'autres situations semblables n'est pas automatique et des approches complémentaires (avant ou après le jeu) seront souvent nécessaires pour assurer l'intégration de l'apprentissage.

L'enseignant doit encore anticiper les problèmes de comportement qui peuvent apparaître : les débordements éventuels, les comportements de « mauvais perdant », les conflits possibles, ...

4 COMMENT FAIRE ?[8]

a) Le jeu doit être choisi avec soin en fonction de plusieurs facteurs : les compétences visées, sa place dans la séquence d'apprentissage, le groupe auquel il est destiné, les conditions matérielles (le nombres d'élèves[9], le temps disponible[10], le cadre spatial, ...). Il existe différentes classifications des jeux. Le système de classification E.S.A.R.[11], conçu par D. Garon en s'appuyant sur des réalités psychologiques, peut être considéré comme une grille d'analyse méthodique des caractéristiques ainsi que des compétences et aptitudes mises en œuvre (les activités ludiques, les conduites cognitives, les habiletés fonctionnelles, les activités sociales, les habiletés langagières, les conduites affectives).

b) Avant de lancer le jeu, il est souvent préférable, surtout avec des élèves plus jeunes, de vérifier la compréhension du fonctionnement du jeu par un court échange de questions-réponses. L'enseignant précise, avant de commencer la partie, ses attentes en ce qui concerne le comportement des élèves.

---

8. Pour en savoir plus, le lecteur pourra consulter l'ouvrage de Chamberland G. et Provost G., 1996.
9. Beaucoup de jeux se jouent en petits groupes et l'enseignant devra, dans ce cas, prévoir plusieurs exemplaires du même jeu. Si les joueurs doivent jouer par équipe, l'enseignant devra définir les modalités à préciser aux élèves afin que chaque élève puisse effectivement participer.
10. Certains jeux demandent du temps et il est toujours frustrant, pour des élèves, de devoir interrompre le jeu parce que la sonnerie de fin du cours retentit. Signalons qu'avec un peu d'astuce il est possible de retrouver un jeu à un cours suivant, comme les joueurs l'ont laissé : des gommettes peuvent identifier la place des pions sur le plateau de jeu, les cartes de chaque joueur peuvent être placées dans des enveloppes avec le nom du joueur, ...
11. Système de classification utilisé par Mikulu J.B., 1992-1993.

c) Durant le jeu, l'enseignant, tout en restant disponible et vigilant afin d'intervenir pour encourager les élèves ou pour gérer les dysfonctionnements éventuels et même s'il joue avec ses élèves, doit leur laisser prendre les initiatives et expérimenter.

d) Après le jeu, il s'agit de prévoir un temps de mise à distance qui permettra aux apprenants de réfléchir sur leur action afin de prendre conscience de ce qu'ils ont appris ou exercé.

e) Jouer à l'école n'est pas un but en soi mais doit servir de tremplin vers des buts d'apprentissage. Ceci suppose une réflexion sur le dispositif mis en place : les apprenants sont-ils confrontés à une situation porteuse de sens pour eux et suffisamment complexe ? Ont-ils des tâches significatives à réaliser, des décisions à prendre ? Dans le cas de jeux collectifs, doivent-ils interagir pour aboutir au but à atteindre ? La compétition, s'il y a compétition, ne risque-t-elle pas de biaiser l'apprentissage ? Des moments de structuration et des synthèses sont-ils prévus pour permettre aux apprenants d'établir les liens nécessaires entre le nouveau savoir et leurs connaissances préalables, pour exprimer ce qui a été découvert (savoirs, procédures, attitudes) afin d'en faciliter le transfert ?

f) Créer un jeu est une entreprise qui exige beaucoup de rigueur et qui comporte plusieurs étapes.
   - L'analyse préliminaire doit déterminer les compétences visées par l'activité-jeu, le contenu concerné et doit identifier la fonction pédagogique (exercisation, découverte, etc).
   - S'il s'agit d'un jeu cadre, l'enseignant doit choisir un jeu de référence à adapter aux compétences visées et à diverses contraintes telles que le public concerné, le nombre de joueurs, l'espace et le temps disponibles. Cette option est moins coûteuse, tout d'abord pour l'enseignant en termes d'investissement dans la mesure où la qualité de fonctionnement du jeu[12] est généralement assurée et il « suffit » de l'adapter au nouveau contenu et, ensuite, pour l'élève qui assimile plus vite les règles (qui lui sont souvent familières).
   - Si aucun jeu existant ne peut servir de référence, il s'agira pour l'enseignant d'explorer divers modèles potentiels... et de laisser une idée progressivement germer. Cette idée il devra la concrétiser en précisant le but à atteindre, les actions à mener, les ressources disponibles (informations, matériel... donc les cartes, les objets à manipuler ou à échanger, un « road book » qui suivra le joueur, ...) et les règles. G. Chamberland et G. Provost (1996) rappellent que l'utilisation d'un jeu doit être agréable et efficace... Or, beaucoup de jeux

12. L'enseignant devra souvent apporter des modifications parfois limitées (grandeur du plateau de jeu, nombre de joueurs, matériel, consignes, ...) ou plus importantes (actions à mener, ...).

présentent des faiblesses à l'un ou l'autre de ces niveaux ou aux deux à la fois.

- Il est préférable de construire un « prototype » à tester soi-même ou avec quelques personnes pour s'assurer que le jeu fonctionne et pour identifier les éventuels aménagements à y apporter.
- Après cette expérimentation, l'enseignant peut fabriquer le jeu définitif et rédiger le livret qui l'accompagnera. Dans ce livret seront précisés le contenu du jeu (parfois de la boîte de jeu), le but du jeu, la préparation ou le montage éventuel du matériel, les règles et les variantes possibles ainsi que le public concerné et les compétences visées.
- Une mise à l'essai auprès du public cible, dans les conditions prévues, renseignera le concepteur du jeu sur les quelques ajustements qui resteraient encore à apporter.

B La simulation et le jeu de rôle

1 DE QUOI S'AGIT-IL ?

G. Chamberland et G. Provost (1996, p. 55) définissent la *simulation* comme étant une « reproduction d'une situation constituant un modèle simplifié mais juste de la réalité ».

Pour ces auteurs, la simulation vise une compréhension objective de la réalité par la modélisation de cette réalité. En effet, pour faciliter l'étude de la réalité concernée, le formateur va la dépouiller de ses aspects accessoires pour faire ressortir les aspects essentiels, tout en veillant à ne pas fausser la réalité.

Dans la simulation, l'apprenant doit expérimenter des comportements qu'il pourrait être appelé à adopter s'il était confronté à la situation réelle (mais sans les dangers de la vie réelle !) ou expérimenter une situation donnée pour en saisir les particularités, les lois qui la régissent. Ainsi, dans la simulation, les apprenants doivent adopter des rôles, clairement précisés, qui sont très proches de ceux du monde réel et prendre des décisions. Ils peuvent constater directement et analyser les conséquences des décisions prises.

L'apprenant est parfois seul (comme dans l'apprentissage sur simulateur de vol), mais souvent ce sont des simulations en groupe qui sont proposées (chaque participant a un rôle à jouer et doit ajuster ses actions en fonction des actions des autres participants ; des apprenants ont parfois un rôle d'observateurs).

Dans un *jeu de rôle,* « deux ou plusieurs membres du groupe jouent chacun un rôle en se mettant dans la peau de leur personnage et en improvisant leurs réparties au fur et à mesure du déroulement de la scène » (G. Archambault, 1998, p. 62). Pour G. Archambault (1998, p. 62), la scène peut avoir pour thème une situation de la vie de tous les jours ou elle sera représentative d'une question issue de diverses disciplines (notamment, la psychologie, la sociologie, le marketing, les soins infirmiers, l'éthique, ...). L'objectif principal du jeu de rôle est d'assurer une meilleure compréhension non pas de la réalité, comme dans la simulation, mais bien des comportements suscités par la réalité. « (...) l'objectif du jeu de rôle est bien la formation individuelle des participants, mais c'est l'exercice du rôle lui-même qui est l'objet de la formation. » (P. Meirieu, 1994b, p. 30) Comme l'expliquent G. Chamberland et G. Provost (1996, p. 71), si, dans la simulation, on cherche à modéliser la réalité tout en y restant fidèle, dans le jeu de rôle, on part d'une situation mais sans chercher à la reproduire (donc en proposant une vision subjective de cette réalité)[13].

Pour G. Chamberland et G. Provost (1996, p. 79), cette pratique active permet d'acquérir des habiletés techniques et méthodologiques (apprendre à mener une interview, apprendre à négocier, à mener une médiation mais aussi apprendre une langue étrangère, développer des stratégies de résolution de problèmes, ...), de développer des attitudes (adopter une attitude d'écoute respectueuse de l'autre, exprimer un besoin, découvrir ses croyances ou préjugés, ...), de comprendre des faits et des principes relatifs au thème exploré, de développer l'expression et la créativité.

2 EXEMPLES

Beaucoup d'*apprentissages professionnels* se prêtent aux simulations : le pilotage d'avion sur simulateur de vol, la sélection de candidats à un poste avec analyse des dossiers, le micro-enseignement pour les futurs enseignants, les techniques de vente, les soins infirmiers sur un mannequin, l'apprentissage d'une langue étrangère en simulant des situations de communication, ... sont quelques exemples parmi beaucoup d'autres.

D'autres simulations proposent aux apprenants de découvrir une réalité : les principales caractéristiques économiques et organisationnelles de l'entreprise[14], les techniques du journalisme – en y associant la maîtrise de la

13. Des formateurs d'enseignants vont s'initier à l'entretien qui suit l'observation d'une activité d'un stagiaire en jouant l'entretien qui ferait suite à une leçon dont on leur a proposé un enregistrement vidéo.
14. Pour la découverte de l'entreprise, Tilman F. (in *Le Ligueur*, Bruxelles, 21/05/88, p. 15) présente deux types de simulation souvent utilisés :
    - la création d'une mini-entreprise avec constitution en société anonyme, émission d'actions, répartition des fonctions, production d'un bien, vente du bien produit, réunions d'actionnaires, gestion administrative et comptable calquée sur celle des vraies entreprises ;
    - des modèles d'entreprises assistés par ordinateur (comme ELBE-WI-Programme d'initiation à l'économie, mis au point par Holderbank Management unt Beratung A.G.).

langue –[15], la structure administrative d'une ville, le monde des personnes sourdes ou aveugles et leurs difficultés...

Notons qu'avec le développement de la micro-informatique de plus en plus de logiciels de simulation sont disponibles sur le marché.

3 POINTS FORTS ET LIMITES DE LA SIMULATION ET DU JEU DE RÔLE

3.1 Points forts

La simulation est une situation très motivante pour l'apprenant qui doit agir face à des situations mouvantes qui lui demandent réflexion et adaptation. L'expérience directe est au centre du processus : l'apprenant est véritablement un acteur disposant d'une liberté de décision. Il peut essayer... et se tromper sans risques. Les conséquences de ses actions sont présentées de manière dynamique : ainsi, il apprend à partir de ses propres erreurs et réussites et à partir de celles d'autrui. Vu son implication réelle dans des situations significatives, l'apprenant retient mieux et plus longtemps. La simulation est particulièrement utile quand il s'agit d'étudier certaines situations, certains phénomènes plus difficiles à appréhender (parce que trop lents ou trop rapides, trop rares ou trop coûteux, trop dangereux, etc.).

Outre la compréhension de la réalité simulée, les simulations permettent l'acquisition de démarches de résolution de problèmes, le développement de compétences liées à la communication, à la négociation entre les partenaires. Beaucoup de situations rencontrées nécessitent une approche interdisciplinaire, ce qui constitue un plus pour l'apprentissage.

Notons encore que le temps de réflexion et d'analyse qui fait suite à la simulation ou au jeu de rôle favorise le transfert d'autant plus que la situation a permis d'aborder en profondeur des apprentissages différents.

3.2 Limites et dérives à éviter

Une situation simulée n'est pas la réalité et, quand il s'agit notamment d'apprentissages professionnels, l'application en situation réelle devrait compléter l'apprentissage. Ainsi, l'apprentissage d'une langue étrangère devrait s'accompagner d'une phase d'immersion en milieu réel.

15. Nous citerons comme exemple un jeu de simulation créé par Kenneth Jones (présenté par Taylor J.L. et Walford R., 1976, pp. 108-129) et qui s'intitule « À la Une » : les élèves constituent l'équipe de rédaction d'un quotidien et doivent procéder au montage de la « Une » dans la période qui précède immédiatement l'impression du journal.

Les situations de simulation sont encore assez rares et construire une telle situation demande beaucoup de travail et une réelle expertise dans le domaine concerné. Il s'agit de ne pas trop simplifier la réalité (sinon l'apprentissage sera faussé) tout en ne la complexifiant pas à outrance (elle doit rester accessible à l'apprenant).

La conception et plus encore l'animation d'un jeu de rôle exigent de réelles compétences chez le formateur. La gestion de l'activité demande une maîtrise de la thématique travaillée et du doigté (maintenir la discipline, gérer d'éventuels conflits notamment sur le plan des valeurs, exploiter le jeu présenté, ...). De plus, comme le soulignent G. Chamberland et G. Provost (1996, p. 78), certains jeux de rôle conduisent à l'expression du plus intime des individus. Or, l'enseignant n'est pas thérapeute et il n'a pas la formation requise pour gérer certaines situations parfois amenées par le jeu de rôle.

4 COMMENT FAIRE ?[16]

a) Avant toute chose, l'enseignant doit s'interroger sur l'apport de la simulation ou du jeu de rôle pour l'apprentissage visé et sur la relation entre le temps à y consacrer (le temps en classe mais aussi le temps de préparation) et les bénéfices escomptés en termes de qualité et d'efficacité de l'apprentissage.

b) Son choix arrêté, l'enseignant devra préparer l'activité :
   - préciser les compétences visées et la place de l'activité dans la séquence d'apprentissage ;
   - cerner le problème puis définir la situation et les rôles que les apprenants devront jouer (s'il reprend une situation existante, l'adapter si besoin) ;
   - planifier les différents moments du jeu en sachant que du temps devra être consacré à l'analyse qui suivra le jeu ;
   - préparer les consignes, le matériel (les documents, les informations, les objets, etc.) et le local.

c) La simulation ou le jeu de rôle sera introduit de manière « dynamique » et motivante, en précisant aux apprenants le but et les règles du déroulement ; l'enseignant laissera un temps pour que les apprenants puissent s'imprégner de la situation et pour s'assurer de la compréhension.

d) Pendant la simulation ou le jeu de rôle, il observera le déroulement ; il pourra intervenir si la situation s'enlise, si des dysfonctionnements surviennent, ... mais sans diriger l'action.

---

16. Pour en savoir plus, le lecteur pourra consulter l'ouvrage de Chamberland G. et Provost G. (1996).

e) Lors du temps d'analyse qui suit l'activité, il aidera les participants à commenter et à analyser ce qui s'est passé pour tirer les conclusions nécessaires pour comprendre la situation et pour structurer les acquis. Lors de cet échange, un moment d'évaluation du dispositif est souvent proposé.

Chapitre 9

DES DÉMARCHES DE CONCEPTUALISATION

1 DE QUOI S'AGIT-IL ?

La conceptualisation constitue une démarche intellectuelle, un processus mental et non une pratique pédagogique. Mais ce processus est tellement présent dans l'apprentissage, en termes de fréquence et d'importance, qu'il serait regrettable de l'ignorer. L'objet de ce chapitre n'est pas de démontrer l'importance de ce processus ni d'en démonter théoriquement le mécanisme, mais bien de proposer des démarches pouvant aider les élèves à mieux élaborer et mieux utiliser les concepts qu'ils rencontreront dans leurs apprentissages. La conceptualisation peut être définie comme la construction d'une représentation mentale par abstraction. Proposer des démarches de conceptualisation, c'est donc proposer des démarches didactiques inductives que les enseignants peuvent utiliser pour aider leurs élèves à construire des concepts.

2 EXEMPLES[1]

a) Un concept peut être cerné par l'ensemble organisé, structuré, des éléments qui lui sont directement associés. Voici un tel tableau dressé par un groupe d'enseignants à propos du **concept de vitesse** et qui, selon les auteurs, sera appelé conceptogramme, carte mentale, ...

Des situations	*Des objets*	*Des langages*	*Autres éléments*
Sports, courses Voyages, déplacements Mouvements Eléments naturels Croissance Musique, chant Débit Exécution Sécurité routière ...	Chronomètre Compteur Radar Anémomètre Moyens de locomotion Corde à nœuds Internet, fax Essoreuse Magnétoscope (ralenti, accéléré) Métronome ...	Km/h, m/s Espace/temps Fréquence M^3/s Panneaux routiers Année-lumière Moyenne Accélérer, freiner Graphiques : 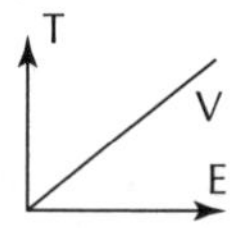 *Des expressions* – « vite fait mal fait » – « rapide comme l'éclair » – ...	Sortes de vitesses : – de déplacement ou de transmission (V=D/T) – de croissance (V=L/T) – d'exécution (V=Nbre de fois/T = fréquence) *Facteurs l'influençant :* – aérodynamisme – constitution – endurance – âge – ... *Conséquences :* – stress – plaisir – accidents, mort *Personnages associés :* – Speedy Gonzales – Lucky Luke

1. Les deux exemples proposés ici ont été produits en utilisant la démarche proposée au point 4 c) p. 125.

b) Un autre groupe d'enseignants a réalisé le même travail à propos du **concept de grandeurs directement proportionnelles** et a produit la synthèse suivante.

Situations de vie	*Outils – Objets*	*Réalisations*	*Langage math.*
Prix au kilo ; recettes, intérêt ; densité ; taux de change ; consommation de la voiture ; …	Loupe ; appareil photographique ; photocopieuse ; microscope ; rétroprojecteur ; pantographe ; jumelles ; épiscope ; projecteur de diapositives ; …	Maquettes ; modèles réduits ; plans ; cartes géographiques ; poupées gigognes ; …	1/10.000 ; 1:1.000 ; est 3 fois plus petit ; % ; abaque ; les bases ; homothéties ; règle de trois ; …

c) La formalisation d'un concept peut aussi se présenter sous la forme suivante.

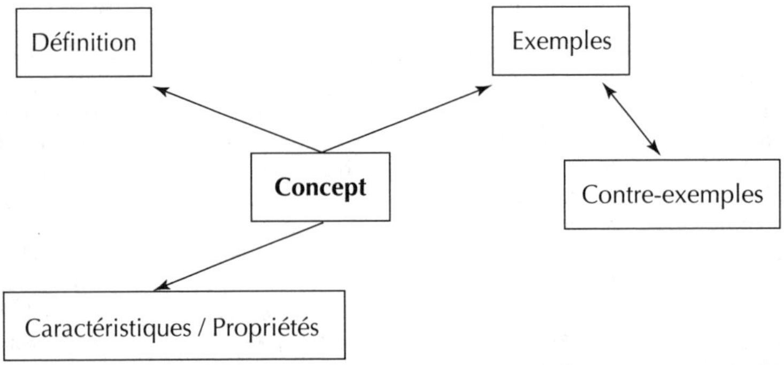

3 POINTS FORTS ET LIMITES DES DÉMARCHES DE CONCEPTUALISATION

3.1 Points forts

La première qualité de la formulation et de la formalisation d'un concept par les élèves, c'est que, dans ce cas, le concept a plus de sens pour l'élève. L'élève le domine mieux et peut donc mieux l'utiliser à bon escient. Le concept devient davantage un outil intellectuel, permettant de résoudre des problèmes ou d'organiser le monde dans lequel il vit.

Un autre intérêt des démarches de conceptualisation réside dans la mise en relation de diverses informations, divers repères dont l'élève dispose. Cette articulation entre éléments perçus précédemment comme épars aide également à percevoir davantage de cohérence dans la réalité et procure une meilleure emprise sur celle-ci.

L'utilisation de démarches de conceptualisation aux différents cycles d'une même école, à propos des mêmes concepts ou démarches, favorise la continuité, c'est-à-dire la cohérence et la progressivité dans la construction des connaissances et compétences des enfants.

3.2 Limites et dérives à éviter

La première dérive à éviter consiste à formuler très vite, trop vite, la définition d'un concept en termes académiques. Une telle formulation, sans doute plus exacte que celle qui pourra être produite par des élèves en cours d'apprentissage, reste une formule vide de sens si elle vient trop tôt. Le cas des concepts grammaticaux et de certains concepts géométriques (que signifie « la droite est un ensemble infini de points, un point n'ayant aucune dimension » pour un enfant de huit ou neuf ans ?) illustre fréquemment ce recours trop hâtif aux définitions académiques.

Le seconde dérive, liée à la première, réside dans le fait de se fier aveuglément aux formulations académiques. Si l'enseignant ne s'inspire que des approches livresques pour amener les élèves à cerner un concept, celui-ci ne sera abordé que dans une perspective réductrice, appauvrie. L'exemple donné à propos de la vitesse montre que ce concept est bien plus large et bien plus riche que la formule V = E/T. Cette formule ne convient que pour un type de vitesse alors qu'il en existe plusieurs.

L'exemple qui suit veut souligner l'appauvrissement d'un concept quand il n'est abordé qu'à la lumière de sa formulation académique. La plupart des manuels de grammaire n'indiquent à propos de la négation que l'utilisation de « ne... pas, ne... plus, ne...jamais, ne... guère, ne... rien » et c'est à peu près tout. Imaginons maintenant que le point de départ, pour ce concept de négation, ne soit plus la syntaxe mais la réalité qui, dans ce cas, peut être formulée comme ceci : « Trouvez un maximum de façons différentes de dire « Non » ou de répondre « Non » à quelqu'un qui vous demande quelque chose ». Il faudra très peu de minutes, à n'importe qui, pour trouver que les façons de dire ou de répondre « Non » sont bien plus nombreuses et plus variées que les « ne... plus, ne... pas, ... ». Entre les « Si c'était possible, j'aimerais autant que nous cherchions une autre solution », « Et encore quoi ! ! ! », « Merci, sans façon », il existe une multitude de manières de répondre négativement qui sont fonction des interlocuteurs, de la relation qui les unit (personne ne répond de la même façon à son enfant et à son employeur) et de l'objet de la discussion.

4 COMMENT FAIRE ?

Il existe une réelle diversité de démarches de conceptualisation qui, au-delà de leurs particularités concrètes, ont toutes en commun de mettre en œuvre chez l'apprenant un raisonnement inductif. Celles qui sont proposées ici ne constituent qu'un échantillon des démarches pratiques possibles.

a) Une démarche pour des concepts associés à un classement tels que « style roman et style gothique en architecture », « vivant et non vivant », « les types de leviers », ... :
   - des exemples sont donnés, classés en deux ou plusieurs colonnes, en fonction du nombre de classes concernées par le sujet en question ; ces exemples peuvent être présentés sous forme de mots (pour vivant et non vivant par exemple) ou sous forme d'illustrations (pour les leviers ou les styles architecturaux par exemple) ; aucun titre n'est évidemment écrit au-dessus des colonnes ;
   - ensuite, d'autres exemples sont présentés aux élèves qui doivent, individuellement, classer chacun de ces nouveaux exemples reçus dans la colonne qui convient ; l'idéal lors de cette étape est que les élèves ne reçoivent pas exactement les mêmes éléments, afin de pouvoir élaborer les constats sur un maximum de cas concrets différents et variés ;
   - en équipes, les élèves se présentent et justifient les classements individuels réalisés afin d'aboutir à un consensus dans chaque équipe ;
   - sur base de l'étape précédente, chaque équipe identifie les caractéristiques communes aux éléments de chaque colonne ;
   - chaque équipe intègre les caractéristiques identifiées en un tout cohérent (texte, tableau articulé, définition, ...) ;
   - une mise en commun, éventuellement complétée par une vérification dans des ouvrages de référence clôturera (provisoirement) cette démarche.

b) Une démarche possible pour des concepts tels que le relief, le climat, ...[2]
   - chacun note ce que signifie pour lui tel concept ;
   - les élèves reçoivent une série de phrases classées en « phrases oui » (celles qui parlent du concept traité) et en « phrases non » (celles qui ne parlent pas du concept traité) ;
   - chacun note, à partir des « phrases non » les réalités qui ne relèvent pas du concept travaillé et chacun souligne, dans les « phrases oui » les mots et expressions relatifs au concept en question ;
   - en confrontant leurs réponses par trois, les élèvent dessinent le concept et/ou rédigent une définition de ce concept sur base de ses

2. Démarche inspirée d'un exemple proposé par Cécile Laharie « Acquisition du concept de relief », *Cahiers Pédagogiques*, n° 296, « À l'école de l'intégration », 1991, pp. 66-67.

attributs, soulignés précédemment, et des définitions individuelles de départ ;
- individuellement, les élèves identifient parmi de nouvelles phrases données, celles qui traitent du concept ;
- après la correction de l'exercice précédent, les définitions rédigées par les diverses équipes seront confrontées aux définitions académiques.

c) Une démarche possible pour des concepts tels que vitesse, grandeurs directement proportionnelles, ...
   - à propos du concept donné sans commentaire, chacun note tous les éléments qui lui viennent à l'esprit et qu'il perçoit comme directement liés à ce concept ;
   - par petits groupes, les participants se présentent mutuellement les éléments notés, pour retenir tous les éléments pour lesquels il y a accord unanime (pour tous les membres du groupe, tel élément fait bien partie de ce concept) ;
   - collectivement, les éléments retenus sont classés et organisés en un ensemble structuré.

d) Une démarche possible pour des concepts tels que nombre, mathématique, grammaire, ...
   - chacun écrit ce qu'il estime être la définition du concept donné ;
   - par trois, les élèves se présentent rapidement et sans jugement, les définitions rédigées individuellement ;
   - une nouvelle rédaction individuelle suit ce premier échange ;
   - par trois, sur base des nouvelles définitions individuelles et de quelques définitions extraites de documents de référence, les élèves rédigent une définition commune du concept ;
   - collectivement, les définitions des équipes sont comparées pour construire une définition commune.

e) Une démarche possible pour la conceptualisation d'une démarche mentale[3] :
   - mise en situation individuelle qui implique, met en œuvre le processus visé ;
   - travail individuel de métacognition (« Comment avez-vous fait pour exécuter la tâche ? Qu'avez-vous pensé ? Regardez-vous fonctionner, agir. ») ;
   - partage en petits groupes ;
   - mise en commun collective : l'animateur note les éléments donnés par les différents groupes en quelques colonnes, en veillant à ce que

3. Démarche utilisée en formation d'enseignants par Claudine Berger et René Coulon, enseignants et animateurs pédagogiques, à propos du processus d'inférence en lecture.

les indicateurs relatifs au processus visé soient regroupés dans une même colonne ;

- deuxième mise en situation individuelle (autre support, autre matériel mais processus identique impliqué) ;
- métacognition individuelle (« Comment avez-vous fait pour « lire », que s'est-il passé dans votre tête ? Regardez-vous réfléchir ; analysez votre démarche ») ;
- par petits groupes, rédaction de la définition du processus mental utilisé (seule est restée visible la colonne des indicateurs du processus notés précédemment) ;
- mise en commun des définitions des équipes ;
- confrontation à des définitions académiques ;
- transfert, généralisation pour une utilisation plus consciente de ce processus mental.

Chapitre 10

LES DÉMARCHES D'APPRENTISSAGE GUIDÉES

À propos de cette pratique, quelques précisions préliminaires s'imposent car, par certains aspects, elle pourrait ressembler à de « l'enseignement transmissif écrit ». Mais diverses raisons peuvent justifier le maintien de cette façon de faire, à côté d'autres.

Tout d'abord, l'élève, comme l'adulte, ne peut pas être en permanence en situation de construction active de ses savoirs. Il a besoin, de temps à autre, de pouvoir se « contenter » de suivre les indications, voire de recevoir des informations. Par ailleurs, la pédagogie différenciée a souligné la présence de différents profils pédagogiques[1] qui se caractérisent par plusieurs facettes. Une de celles-ci correspond à la préférence de certains pour les activités avec consignes à guidage fort et à la préférence d'autres pour des activités avec consignes à guidage faible. Une autre facette des profils pédagogiques concerne la préférence, selon les cas, pour les travaux d'équipe ou pour le travail individuel. Au-delà de ces préférences individuelles, l'école doit d'ailleurs apprendre aux élèves à savoir collaborer à un travail de groupe, tout comme elle doit les rendre capables de travailler individuellement, le travail individuel constituant souvent un préalable nécessaire à un travail de groupe efficace et profitable.

Enfin, rappelons que cette pratique de la démarche d'apprentissage guidée est largement utilisée dans le cadre des laboratoires de sciences et qu'il est possible de l'utiliser aussi dans l'enseignement primaire dans le cadre de tels laboratoires s'ils sont adaptés aux enfants[2].

1 DE QUOI S'AGIT-IL ?

Une démarche d'apprentissage guidée (DAG) est un document écrit, audiovisuel ou informatisé qui, par l'apport d'informations et la mise en activité de l'élève, permet l'acquisition ou le renforcement de connaissances et le développement de savoir-faire ou de compétences.

Une démarche d'apprentissage guidée peut se présenter sous la forme d'une fiche. Mais à propos des fiches, il faut établir des distinctions car il en existe de quatre sortes au moins.

- La fiche documentaire : elle apporte une ou des information(s) à propos d'un sujet précis ; exemples : un schéma de l'oreille, des données démographiques relatives à un pays, etc.
- La fiche guide : comme son nom l'indique, elle guide plus directement l'élève dans l'acquisition de savoirs et de savoir-faire relatifs à un domaine précis ; exemples : comprendre et utiliser les leviers, calculer les latitudes et longitudes, etc.

1. Voir, par exemple, J-M. Zakhartchouk, 1987, pp. 23 à 26.
2. Comme l'exemple proposé par E. Cacheux, Vers l'expérimentation scientifique. Les sensations et la mesure, in *L'École 2000*, Bruxelles, mars 1994, pp. 49 à 54.

- La fiche recette : elle fournit des consignes à suivre exactement pour aboutir au résultat visé ; elle vise essentiellement l'acquisition de savoir-faire ; exemples : une recette de cuisine, une démarche de travail manuel, etc. ;
- La fiche d'exercices : elle propose des applications de difficulté progressive, relatives à des savoirs et savoir-faire déjà acquis (ou du moins en voie d'acquisition) ; exemples : additions écrites, accorder l'attribut avec le sujet, etc.

La DAG se classe dans la catégorie des fiches guides.

En fait, la DAG est une pratique qui découle :
- des fiches, mais se centrant sur l'apprentissage plus que sur les applications ;
- de l'enseignement programmé, mais en voulant réduire les risques de strict conditionnement, en mettant l'élève en activité ;
- de l'enseignement modulaire et du système d'enseignement personnalisé (Keller, 1968), mais en diminuant le poids qu'a le système lorsque tout un cours est fondé sur cette seule pratique.

2 EXEMPLE

Rédiger une lettre

La lettre de remerciement

Chers enfants,

Comme le boulanger a bien voulu nous recevoir dans son atelier, il me semble normal de lui écrire une petite lettre afin de le remercier pour son accueil.

Les pages qui suivent vont vous aider à rédiger votre lettre.

– 1 –

Voici trois extraits de textes.
Nomme chaque sorte d'écrit.

Sortie de route à Beauchamp
Ce lundi vers 18 heures, sur la N 32, au lieu-dit « Les 4 bras », M. Rampond, surpris par une plaque de verglas, a perdu le contrôle de son véhicule. La voiture a effectué plusieurs tonneaux avant d'être arrêtée par de jeunes sapins.
(______________________________)

Madame,

Je viens vous demander si François pourrait venir passer le week-end prochain chez moi. Mes parents sont bien sûr d'accord. Nous aimerions aller voir passer la course cycliste samedi et...

Vincent

(______________________________)

L'authentique tarte Tatin
Pour 4 personnes :
8 pommes jonagold
50 g de beurre
50 g de sucre
Epluchez les pommes et coupez-les en 8.
Faites fondre le beurre avec le sucre dans un plat à tarte.
Disposez-y ensuite les pommes...
(______________________________)

– 2 –

Maintenant que tu as reconnu la lettre, colorie ci-dessous le numéro de la lettre qui remercie quelqu'un.

①

Liège, le 10 juillet 1999

Chère Brigitte,
Comme je te l'avais dit en juin, j'ai demandé à mes grands-parents s'ils acceptaient que tu viennes en vacances chez eux avec moi…

②

Genève, le 30 décembre 2001

Chère Mamie,
Une année se termine, une autre commence. Nous espérons que cette année te gardera en bonne santé et que tu nous feras le plaisir d'une visite dans les prochaines semaines…

③

Paris, le 15 septembre 2000

Chère Mémé,
Je te remercie beaucoup pour la belle calculatrice que tu m'as envoyée. Elle me rendra service très souvent…

– 3 –

Maintenant, tu dois retrouver la structure de la lettre de remerciement en plaçant les numéros de 1 à 6 entre les parenthèses.

1. la formule de politesse
2. la personne à qui on écrit
3. le remerciement
4. le lieu et la date
5. la signature de celui qui écrit
6. l'objet du remerciement

Marseille, le 10 mai 1999 ( )

Messieurs, ( )
Nous tenons à vous remercier pour votre participation efficace à notre déménagement. ( )

Nous vous sommes très reconnaissants pour cette aide précieuse. ( )

Croyez en notre profonde gratitude. ( )

Marc et Sophie ( )

– 4 –

Voici une lettre de remerciement écrite dans le désordre. Découpe les bandelettes et colle-les correctement au dos de la feuille précédente.

Chers Sandra et Ludovic,

Pierre

Je tiens à vous en remercier vivement et je souhaite vous revoir très rapidement.

Recevez, chers amis, mon plus amical souvenir.

Les trois semaines passées en votre compagnie ont été très agréables. J'ai passé de merveilleux moments avec vous.

Namur, le 10 août 2002

– 5 –

Écris maintenant ta lettre de remerciement au boulanger après avoir répondu à ces questions.

Dans quelle localité te trouves-tu et à quelle date ?

Qui remercies-tu ?

Pourquoi remercies-tu cette personne ?

Que vas-tu lui dire pour la remercier clairement ?

Quelle formule de politesse vas-tu lui adresser ?

Quelle signature sera au bas de ta lettre ?

– 6 –

3 POINTS FORTS ET LIMITES DES DÉMARCHES D'APPRENTISSAGE GUIDÉES

3.1 Points forts

La première qualité d'une DAG est de rendre chaque élève réellement actif puisqu'il s'agit d'une démarche de travail individuel essentiellement. Elle oblige l'apprenant à prendre seul en charge une tâche, ce qui constitue une compétence qui garde sa pertinence à côté du nécessaire travail en équipe. En favorisant l'auto-correction, elle donne à l'élève une meilleure perception de sa progression et de ses acquis. Elle incite aussi l'élève à la prise de responsabilités et à l'autonomie.

La deuxième qualité, conséquence de la première, est de permettre à chacun de travailler à son rythme, d'effectuer des retours en arrière s'ils sont nécessaires. La DAG augmente donc la probabilité de réussite d'un plus grand nombre d'élèves, en favorisant la différenciation. La différenciation peut être encore plus prononcée lorsque l'enseignant propose aux élèves des DAG différentes, choisies en fonction des apprentissages que chacun doit réaliser.

Pour l'enseignant, l'utilisation d'une DAG fournit une occasion d'observation attentive des élèves au travail ainsi que la possibilité de consacrer un peu plus de temps aux élèves qui ont davantage besoin d'aide.

Comme toute pratique moins fréquente ou moins habituelle pour les élèves, l'introduction de celle-ci peut relancer la motivation des élèves.

Le recours aux DAG peut également faciliter grandement la vie professionnelle des enseignants ayant en charge des classes à plusieurs années (fréquentes dans les petites écoles rurales) ou des classes particulièrement hétérogènes.

Enfin, l'enseignant qui doit s'absenter des cours, pour participer à une formation continuée par exemple, sera beaucoup plus serein s'il peut « abandonner ses élèves » à un collègue ou à un surveillant en leur ayant préparé des DAG.

3.2 Limites et dérives à éviter

La principale dérive à éviter est celle de l'enseignement transmissif écrit ou celle de l'apprentissage par conditionnement pur et simple : placer les élèves en situation de suivre pas à pas une progression pensée pour eux et les amener progressivement au terme d'un cheminement dont ils n'ont pas conscience. Or, il n'y a véritablement apprentissage que lorsque l'apprenant sait expliciter ce qu'il a acquis ou compris. Une DAG doit donc nécessairement intégrer des moments d'évaluation formative et de métacognition.

L'aspect strictement individuel d'une DAG peut constituer une difficulté pour certains élèves. Il peut être utile :

- d'y intégrer certaines étapes à réaliser par deux (ou trois) ;
- de la compléter par une mise en commun, pour des étapes où l'autocorrection n'est pas adaptée par exemple (notamment pour les étapes qui demandent une production à l'élève ou pour les questions qui acceptent plusieurs réponses correctes différentes) ou pour une phase de structuration mettant en relation l'acquis nouveau avec les acquis antérieurs.

Lors de la rédaction de ses premières DAG, l'enseignant risque de privilégier spontanément les questions de restitution, les textes à compléter, ... Il convient de faire appel à son imagination et à sa créativité pour diversifier largement les activités qui seront proposées aux élèves. Ceci souligne le fait que la construction d'une DAG demande un temps de préparation non négligeable. Il convient donc d'utiliser cette pratique pour des éléments permanents des programmes scolaires, afin de pouvoir utiliser plusieurs fois les démarches construites, en y apportant progressivement les améliorations perçues comme nécessaires en fonction des réactions des élèves.

Chaque élève progressant à son rythme dans la réalisation d'une DAG, il en découle que tous ne la termineront pas en même temps. Il convient donc de faire suivre une DAG d'activités permettant la prise en compte de cet état de fait. Par exemple, la DAG peut être suivie de la réalisation d'activités individuelles liées au projet en cours, associées au tableau des charges, prévues dans des contrats individuels, confiées au libre choix des élèves (coin lecture, exercices-jeux, lecture documentaire, autre DAG non indispensable dans le programme, ...).

4 COMMENT FAIRE ?

a) Pour construire une DAG, le travail de préparation de l'enseignant comprendra globalement les étapes suivantes (dont plusieurs sont toujours présentes dans la préparation d'une séquence d'activités, indépendamment de la pratique didactique choisie) :
   - préciser le sujet traité
   - rassembler la documentation nécessaire
   - fixer les buts visés (connaissance et compétences)
   - se poser la question : « La DAG est-elle un procédé adapté pour l'apprentissage visé ? »
   - construire le test d'évaluation finale
   - énoncer les éléments de contenu (notion ou démarche) à donner et ceux qui seront à faire découvrir et construire par les élèves
   - déterminer les activités qui seront à proposer aux élèves, avec les supports adaptés

- formuler clairement les consignes relatives à ces activités
- prévoir les corrigés de ces activités
- ordonner les contenus et activités
- élaborer un point de départ (problème, pré-test, ...)
- prévoir des phases d'intégration, de métacognition et d'utilisation des acquis nouveaux
- rédiger le document
- utiliser la DAG et l'ajuster en fonction des réactions des élèves.

b) Le document terminé, tel qu'il sera proposé aux élèves, pourra donc comprendre les éléments suivants :
   - une présentation
   - une situation initiale
   - des contenus (savoirs et savoir-faire)
   - des activités : consignes et supports
   - les corrigés des activités (intégrés dans la DAG ou disponibles pour les élèves, en fonction du choix de l'enseignant)
   - une ou des évaluations.

c) Dans l'idéal, une DAG pourrait présenter les qualités suivantes :
   - au niveau du contenu
     - actuel ou actualisé
     - précis, ciblé
     - mise en relation des divers éléments (ou aspects ou notions ou...)
     - présence d'exemples mais aussi de contre-exemples
   - au niveau pédagogique
     - progression dans la démarche
     - activités et supports variés
     - consignes claires
     - appel, dans la démarche, à d'autres ressources
     - démarche rendant l'élève acteur et non seulement récepteur
     - présence de phases d'utilisation, d'évaluation et de métacognition
     - contextualisation, concrétisation des matières abordées
     - approche décloisonnée quand c'est nécessaire ou possible
   - au niveau formel
     - équilibre entre l'écrit et les illustrations
     - clarté et lisibilité
     - les éléments essentiels ressortent.

CONCLUSIONS

Les pratiques proposées dans les pages qui précèdent ont été choisies, non pas sur base d'un critère de nouveauté, mais surtout parce qu'elles semblent particulièrement cohérentes avec les rôles sociaux attribués à l'école d'aujourd'hui et adéquates aux grandes orientations de la pédagogie actuelle comme le montre le tableau suivant.

Cette cohérence et cette adéquation fournissent à ces pratiques, pas nécessairement neuves, une validation nouvelle ou une justification supplémentaire.

Pédagogie fonctionnelle	*Pédagogie différenciée*	*Pédagogie participative*	*Socio-constructivisme*
Projets Jeux APP Situations-problèmes	Démarches d'apprentissage guidées Contrats Ateliers	Contrats Conseils d'élèves Groupes Ateliers	Situations-problèmes APP Conceptualisation Ateliers Groupes

La motivation que ces pratiques peuvent générer chez les élèves en constitue un autre atout. Mc Combs (1993) cité par Viau[1] a synthétisé les conditions que doivent remplir des activités d'apprentissage pour motiver les apprenants. Les points forts relevés pour les différentes pratiques présentées correspondent largement à ces conditions. Pour être motivante, une activité d'apprentissage doit :

- responsabiliser l'élève en lui permettant de réaliser des choix ;
- être pertinente sur les plans personnel, social et professionnel ;
- être exigeante sur le plan cognitif ;
- être interdisciplinaire ;
- être productive ;
- présenter un défi pour l'élève ;
- permettre aux élèves d'interagir ;
- se dérouler dans une période de temps suffisante ;
- comporter des consignes claires.

Notre objectif était de présenter chaque pratique de façon concrète et dans une optique opérationnelle, pour que tout enseignant qui le souhaite puisse commencer à utiliser cette pratique ou améliorer l'utilisation qu'il en a déjà. C'est pour répondre à ce souci de rendre ces pratiques aisément utilisables que chacune a été présentée isolément. Dans les faits et dans la vie de classe, certaines de ces pratiques se complètent ou s'enchaînent presque naturellement : la réalisation de projets implique souvent le recours aux contrats et au conseil d'élèves, l'APP inclut des phases de travaux de groupes, un ensemble d'ateliers tournants peut intégrer des jeux ou des situations-problèmes.

1. Viau R., 2000, pp. 140 à 144.

Ceci souligne une nouvelle fois le principe déjà évoqué : une pratique est un outil et doit donc être utilisée pour ce qu'elle apporte dans la formation des élèves et non pour elle-même.

La diversité de ces pratiques et leurs interactions pourraient causer deux sortes de difficultés pour les enseignants :

- la crainte d'être débordés par tous ces changements potentiels associés aux mutations de l'école (et donc le risque d'abandonner ces pratiques avant même de les utiliser) ;
- la mise en œuvre de trop de pratiques à la fois, avec le risque de lancer beaucoup d'actions et d'en mener relativement peu à terme.

La meilleure garantie pour se prémunir de ces deux écueils (rester sur place ou courir dans tous les sens) consiste probablement, pour chaque enseignant ou groupe d'enseignants, à opérer des choix précis quant aux pratiques qu'ils vont utiliser et assortir ces choix d'échéances. De tels choix explicites, écrits, sont nécessaires car tout enseignant a pu constater avec un peu d'expérience que :

- les bonnes intentions généreuses et générales de début d'année sont régulièrement sacrifiées sur l'autel des urgences du lendemain ;
- les seuls changements réellement mis en œuvre dans sa classe et maintenus sont ceux qu'il a lui-même explicitement décidés.

Le fait d'arrêter a priori l'emploi de certaines pratiques et leur fréquence pourrait gêner certains enseignants soucieux de suivre les intérêts des enfants et de profiter des opportunités qui se présenteront pendant l'année. Ces préoccupations, pour tout à fait louables qu'elles soient, ne sont en rien contradictoires avec le fait de décider, par exemple, de réaliser quatre projets sur l'année, ou d'organiser des ateliers tournants à telle fréquence, ou... puisque les contenus sur lesquels porteront ces pratiques ne sont pas nécessairement arrêtés a priori. De plus, pour pouvoir rester maître de son action pédagogique, pour pouvoir exploiter des opportunités, les intérêts spontanés des enfants, les imprévus, sans courir le risque d'être ballotté à gauche et à droite par les événements et ne plus dominer son action éducative, il est non seulement utile mais indispensable d'avoir réalisé explicitement de tels choix avant de commencer son travail avec les élèves. En effet, ces choix explicités a priori serviront en cours d'année de critères, de références, pour effectuer le tri dans la multiplicité des opportunités qui se présenteront immanquablement. Cette façon de procéder permet à l'enseignant de garder une cohérence, une ligne directrice dans son action pédagogique tout en y intégrant l'exploitation d'imprévus, de propositions ou questions d'élèves, ...

Il s'agit ici, nous semble-t-il, d'une nouvelle façon de préparer la classe, en cohérence avec les changements de programmes et de finalités de l'école d'aujourd'hui. Hier, la planification était souvent exprimée en termes de matières, de contenus d'enseignement étalés dans le temps. Cette façon de travailler était cohérente avec :

- les programmes anciens, formulés essentiellement en termes de contenus disciplinaires ;
- la conception linéaire, cumulative de l'apprentissage ;
- la fonction essentielle de l'école : enseigner.

Les changements évoqués précédemment ne suppriment évidemment pas la nécessité de planifier son travail d'enseignant. Mais il faut maintenant concevoir une planification adaptée à :

- des programmes généralement exprimés en termes de compétences ;
- une conception spiralaire de l'apprentissage, en relation avec la continuité des apprentissages ;
- la diversité des missions confiées à l'école.

La planification d'un travail pédagogique ne peut donc plus se construire en prenant le seul point de vue de la matière. Elle doit s'élaborer en prenant aussi en compte d'autres éléments, dont au moins les trois qui viennent d'être rappelés. Or, il est impossible à l'enseignant de penser longuement à tous ces éléments chaque fois qu'il prépare sa classe. Dès lors, deux possibilités s'offrent à lui. Ou bien il travaille au jour le jour, sans autre planification que celle de la matière, et le risque est maximal de perdre très vite de vue tous les éléments nouveaux à prendre en compte. Ou bien, il complète sa préparation à long terme par un ensemble de choix méthodologiques concrets, explicites, qui l'aideront à mettre progressivement en œuvre le tournant que vit l'école aujourd'hui. L'aide de ce cadre qu'il s'est lui-même fixé ne peut que sécuriser l'enseignant, souvent désorienté par la perte simultanée de nombreux points de repères. De plus, le fait de s'être donné un tel cadre de travail avant de commencer l'année rend l'enseignant davantage autonome et responsable, mais allège aussi singulièrement le travail de préparation en cours d'année puisque un certain nombre de choix ayant été posés, de nombreuses décisions ne sont plus à prendre par la suite. Le travail de préparation au quotidien sera donc nettement moins stressant pour l'enseignant.

Le fait d'avoir identifié certaines pratiques comme particulièrement adaptées, dans leur logique et leur conception, aux missions de l'école d'aujourd'hui, n'implique évidemment pas que ces pratiques soient pour autant les plus efficaces en elles-mêmes. Les diverses recherches visant à comparer entre elles différentes pratiques arrivent d'ailleurs à la conclusion que l'efficacité d'un enseignement dépend de plusieurs facteurs relativement indépendants des pratiques. En effet, ces recherches, synthétisées notamment par C. Gauthier[2] semblent indiquer que l'enseignant efficace est celui qui :

- insiste sur l'importance des apprentissages scolaires ;
- se sent responsable et ayant prise sur l'efficacité de son enseignement tout en considérant les élèves comme responsables de la qualité de leurs travaux ;
- lie les apprentissages nouveaux aux acquis antérieurs et veille à l'intégration interdisciplinaire ;
- insiste sur l'essentiel, le répète et utilise de bons exemples ;
- arrive à impliquer l'ensemble des élèves dans les activités scolaires ;
- dit aimer travailler avec les élèves ;
- est juste ;
- prévient les problèmes de discipline plus qu'il ne les attend pour y réagir ensuite ;

---

2. Gauthier C., L'effet enseignant, in Ruano-Bordalan J.-C., 2001, pp. 207 à 214.

- précise les règles à respecter en classe (des règles claires, simples, fonctionnelles) et est attentif à leur mise en œuvre ; fait de même pour les consignes de travail ;
- intervient au niveau de la discipline quand c'est nécessaire, mais de façon brève et à l'insu du groupe autant que possible ;
- laisse rarement les élèves inactifs parce qu'il prévoit des temps suffisants d'exercisation, pose de nombreuses questions et y exige des réponses ;
- travaille à un rythme soutenu, notamment en marquant clairement les transitions entre les activités ;
- maximise le temps d'enseignement et réduit au maximum le temps consacré aux tâches connexes (organisation, discipline, ...), en particulier en installant certaines routines qui favorisent la stabilité des activités et la disponibilité mentale des élèves et de l'enseignant ;
- circule beaucoup dans la classe pour superviser étroitement le travail des élèves, recueillir des informations, donner de courtes explications ou des rétroactions ou renforcements ;
- connaît bien ses contenus d'enseignement, les planifie de façon minutieuse mais non rigide ;
- encourage régulièrement les élèves et renforce les réponses correctes ;
- donne un feed-back correctif fréquent, rapide, ciblé et affectivement neutre en cas de réponse erronée, sur base d'évaluations courtes et variées mais avec des critères élevés de correction.

En synthèse, l'enseignant efficace semble donc être celui qui développe une attitude positive envers les élèves et son activité, associée à un haut niveau d'exigence. Et enseigner de la sorte est bien sûr possible dans le cadre de la mise en œuvre des différentes pratiques proposées ici.

Notons encore que si dans l'introduction nous avons rappelé que l'enseignant est appelé à devenir un praticien réflexif, les pratiques proposées dans cet ouvrage soulignent que l'élève est appelé à devenir un « apprenant réflexif », capable de prendre conscience des démarches qu'il met en œuvre, des connaissances qu'il construit et des compétences qu'il développe.

Pour terminer, deux remarques sont encore nécessaires.

Les pratiques proposées constituent, comme toutes les pratiques, des moyens et non des buts : la vraie finalité d'une situation-problème n'est pas la résolution du problème posé, mais bien les apprentissages que cette démarche de résolution a permis ; la vraie finalité d'un projet n'est pas la réalisation communiquée à d'autres, mais bien les apprentissages que cette démarche de production a permis de développer ou d'affermir.

Un aspect jugé comme positif, commun à plusieurs des pratiques présentées, réside dans la mise en valeur de savoirs et savoir-faire utilisables ou transférables dans la vie extra-scolaire. Mais ce serait une dérive de l'école de ne valoriser que ces savoirs et savoir-faire correspondant à ce qu'on peut appeler une « raison étroite » ou instrumentale, raison qui ne se préoccupe que du comment. Dans un souci de formation humaniste, complète, l'école doit veiller aussi au développement de la « raison large », raison qui se préoccupe du pourquoi et qui intègre les dimensions esthétique, culturelle, religieuse, philosophique et éthique.

BIBLIOGRAPHIE

ABRAMI Ph.C. *& al., L'apprentissage coopératif,* La Chenelière, Montréal, 1996.

AGACHE C., *Exemples de contrats pédagogiques,* (Éd.) De Ketele J-M., UCL, Laboratoire de Pédagogie Expérimentale, Louvain-la-Neuve, 1992.

AIPU, *Les méthodes actives dans l'enseignement supérieur,* 19e colloque AIPU (Association Internationale de Pédagogie Universitaire), ipm, Louvain-la-Neuve, mai 2002.

ALTSCHULL E., *L'école des Égo,* Albin Michel, Paris, 2002.

ARCHAMBAULT G., *47 façons pratiques de conjuguer enseigner avec apprendre,* Les Presses de l'Université, Laval/Québec, 1998.

ASTOLFI J.P., Les groupes d'apprentissage. Logiques et dérives. In *Cahiers Pédagogiques,* n° 264-265, Paris, mai-juin 1988, pp. 14-15.

ASTOLFI J.P., *L'école pour apprendre,* ESF, Paris, 1993.

ASTOLFI J.P., DAROT E., GINSBURGER-VOGEL Y., TOUSSAINT J., *Pratiques de formation en didactique des sciences,* coll. Pratiques pédagogiques, De Boeck Université, Paris/Bruxelles, 1997.

AUBRY J.M., *Dynamique des groupes,* De l'homme, Montréal, 1994.

BARLOW M., *Le travail en groupe des élèves,* coll. Formation des enseignants, Colin, Paris, 1993.

BASSIS O., *Se construire dans le savoir à l'école, en formation d'adultes,* ESF, Paris, 1998.

BARTH B-M., *L'apprentissage de l'abstraction,* Retz, Paris, 1987.

CARON J., *Quand revient septembre... Guide pour la gestion de la classe participative,* Vol. 1, La Chenelière, Montréal, 1994.

CHAMBERLAND G. & PROVOST G., *Jeu, simulation et jeu de rôle,* Presses de L'Université du Québec, Québec, 1996.

CHAMBERLAND G., LAVOIE L. & MARQUIS D., *20 formules pédagogiques*, Presses de l'Université du Québec, Québec, 1996.

COHEN E.G., *Le travail de groupe. Stratégies d'enseignement pour la classe hétérogène*, La Chenelière, Montréal, 1994.

Collectif LE GRAIN, *Le défi pédagogique*, Vie ouvrière, Bruxelles, 1980.

Collectif MORISSETTE-PERUSSET, *Vivre la pédagogie du projet collectif*, La Chenelière, Montréal, 2000.

CRARY E., *Négocier, ça s'apprend tôt !*, Université de Paix, Namur, 1997.

DALONGEVILLE A. & HUBER M., *(se) former par les situations-problèmes*, Chronique sociale, Lyon, 2000.

DEGALLAIX E. & MEURICE B., *Construire des apprentissages au quotidien*, coll. Outils pour enseigner, De Boeck, Bruxelles, 2002.

DE GRAEVE S., *Apprendre par les jeux*, De Boeck, Bruxelles, 1996.

DE GRANDMONT N., *Le jeu pédagogique. Conseils et activités pratiques*, Les Éditions Logiques, Québec, 1995.

DE GRANDMONT N., *Pédagogie du jeu. Jouer pour apprendre*, Collection Pratiques Pédagogiques, De Boeck Université, Paris/Bruxelles, 1997.

DES MARCHAIS J.E., DUMAIS B. & PLANTE A., *Apprendre au lieu d'être enseigné : l'apprentissage par problèmes. Une méthode Appropriée ?*, 5e Colloque international de Pédagogie Universitaire, (Bureau de développement pédagogique et Faculté de médecine, Université de Sherbrooke), Lille, avril 1992.

DE VECCHI G., *Aider les élèves à apprendre*, Collection Pédagogies pour demain, Hachette, Paris, 1994.

DE VECCHI G. & CARMONA-MAGNALDI N., *Faire construire des savoirs*, Collection Pédagogies pour demain, Hachette, Paris, 1996.

DE VECCHI G. & GIORDAN A., *L'enseignement scientifique. Comment faire pour que « ça marche » ?*, collection A. Giordan et J.L. Martinand, « Guides pratiques », Z'éditions et CRDP Alpes maritimes, Nice, 1996.

DEVELAY M., *Donner du sens à l'école*, ESF, Paris, 1996.

FEDEFOC, *Programme intégré adapté aux Socles de compétences*, Bruxelles, 2001.

FNESC – Enseignement professionnel, *Le conseil de tous : définition*, Fiche pédagogique 88.12.30.11, Bruxelles, 1989.

FNESC – Enseignement professionnel, *Les conseils, des lieux de parole à l'école professionnelle*, fiche pédagogique 89.03.21.01, Bruxelles, 1989.

FNESC, *Du projet à la pédagogie du projet*, FNESC, Bruxelles, 1991.

GAUDET D. *& al.*, *La coopération en classe*, La Chenelière, Montréal, 1998.

GODENIR A. & DESCY P., *Agir en ateliers*, Coll. Agir et interagir à l'école maternelle, Labor, Bruxelles, 1995.

GRANDGUILLOT M.C., *Enseigner en classe hétérogène*, Hachette, Paris, 1993.

GUILBERT L. & OUELLET L., *Étude de cas. Apprentissage par problèmes*, Presses de l'Université du Québec, Québec, 1997.

GUILLAUME L., *Exposés interactifs des élèves. Pourquoi ? Comment ?*, Labor, Bruxelles, 2001.

HOWDEN J. & KOPIEC M., *Structurer le succès. Un calendrier d'implantation de la Coopération*, La Chenelière, Montréal, 1999.

IFRAH G., *Histoire universelle des chiffres*, Laffont, Paris, 1981.

JASMIN D., *Le conseil de coopération*, La Chenelière, Montréal, 1994.

JONNAERT P. & VANDER BORGHT C., *Créer des conditions d'apprentissage*, De Boeck Université, Paris/Bruxelles, 1999.

KUHL-AUBERTIN M., *Apprendre la grammaire dès la maternelle en jouant avec des cartes et en les coloriant*, collection Pédagogie pratique, Retz, Paris, 1988.

MANGEL G., Je demande le conseil, in *Cahiers Pédagogiques*, n° 319, Paris, décembre 1993.

MEIRIEU P., *Itinéraire des pédagogies de groupe. Apprendre en groupe ? 1*, Chronique sociale, Lyon, 1984.

MEIRIEU P., *Outils pour apprendre en groupe. Apprendre en groupe ? 2*, Chronique sociale, Lyon, 1984.

MEIRIEU P., Différencier les objectifs du travail en groupe, in *Cahiers Pédagogiques*, Numéro spécial, Paris, 1987.

MEIRIEU P. *& al.*, *L'école et les parents. La grande explication*, Plon, sl, 2000.

METAYER O. & BOULAIS P., Travail en groupe, mode d'emploi, in *Cahiers Pédagogiques*, n° 356, Paris, septembre 1997, pp. 15-18.

MIKULU J.B., *Analyse du jeu du milieu traditionnel des enfants zaïrois à l'aide du modèle ESAR*, Université de Mons Hainaut, Faculté des sciences pédagogiques, 1992-1993.

PARMENTIER P., PAQUAY L. *& al.*, *En quoi les situations d'enseignement/apprentissage favorisent-elles la construction de compétences ? Développement d'un outil d'analyse : le COMP.A.S.*, Grifed, Louvain-la-Neuve, février 2002.

PERRENOUD P., *Construire des compétences dès l'école*, coll. Pratiques et enjeux pédagogiques, ESF, Paris, 1997.

PERETTI A. de, LEGRAND J.A. & BONIFACE J., *Techniques pour communiquer*, Hachette Éducation, Paris, 1994.

PIERRET P., Quelles pratiques pour l'école de la réussite ?, in *Ensemble,* n° 231, Namur, décembre 1996, pp. 4-7.

PIERRET P., Assurer la continuité, in *Ensemble,* n° 232, Namur, mai 1997, pp. 7-17.

PIERRET P., Des leçons de choses aux activités d'apprentissage en éveil, in *Ensemble,* N° 239, Namur, décembre 1999, pp. 20-23.

PLETY R., *Comment apprendre et se former en groupe,* Collection Pédagogie, Retz, Paris, 1998.

PRZESMYCKI H., *La pédagogie du contrat,* Hachette, Paris, 1994.

REY B., *Faire la classe à l'école élémentaire,* coll. Pratiques et enjeux pédagogiques, ESF, Paris, 1998.

RUANO-BORDALAN *& al., Éduquer et former,* Éd. Sciences humaines, Auxerre, 2001.

SAUVE L., *Jeux cadres et élaborés,* Atelier Média-Action, Québec, 1994.

STORDEUR J., *Enseigner et/ou apprendre. Pour choisir nos pratiques,* Coll. Outils pour enseigner, De Boeck, Bruxelles, 1996.

TAYLOR J.L. & WALFORD R., *Les jeux de simulation à l'école,* Collection E3, Casterman, Tournai, 1976.

TERWAGNE S., VANHULLE S. & LAFONTAINE A., *Les cercles de lecture,* De Boeck/Duculot, Bruxelles, 2001.

TILMAN F., *Valise pédagogique,* Le Grain, C.N.F.E.T.P., Lille, s.d..

TOZZI M., Deux phases critiques, in *Cahiers Pédagogiques,* n° 356, Paris, septembre 1997, pp. 19-21.

TRULLEMANS C., *La Faculté des Sciences appliquées forme de nouveaux ingénieurs civils,* Document interne UCL, Louvain-la-Neuve, 30 septembre 2000.

UNIVERSITÉ DE PAIX, *Graines de médiateurs,* Memor, Bruxelles, 2000.

VIAU R., *La motivation en contexte scolaire,* coll. Pédagogies en développement, De Boeck Université, Bruxelles, 2000.

ZAKHARTCHOUK J.M. & CASTINEAUD F., *Lecture d'énoncés et de consignes,* CRAP/CRDP, Amiens, 1987.

TABLE DES MATIÈRES